管理学在中国

管理学
研究的
悖论

马浩 —— 著

THE PARADOX
OF
MANAGEMENT
RESEARCH

图书在版编目（CIP）数据

管理学研究的悖论 / 马浩著 . -- 北京 : 机械工业出版社, 2025. 4. -- (管理学在中国). -- ISBN 978-7-111-77968-1

I. C93-3

中国国家版本馆 CIP 数据核字第 2025CZ7798 号

机械工业出版社（北京市百万庄大街 22 号　邮政编码 100037）
策划编辑：白　婕　　　　　　　　责任编辑：白　婕　闫广文
责任校对：赵　童　马荣华　景　飞　责任印制：张　博
北京联兴盛业印刷股份有限公司印刷
2025 年 5 月第 1 版第 1 次印刷
170mm×230mm・14.5 印张・3 插页・156 千字
标准书号：ISBN 978-7-111-77968-1
定价：99.00 元

电话服务　　　　　　　　　　网络服务
客服电话：010-88361066　　　机　工　官　网：www.cmpbook.com
　　　　　010-88379833　　　机　工　官　博：weibo.com/cmp1952
　　　　　010-68326294　　　金　书　网：www.golden-book.com
封底无防伪标均为盗版　　机工教育服务网：www.cmpedu.com

献给爱妻袁远

总序·FOREWORD

呼唤、孕育和催生中国管理学派

中国的管理研究正处在一个取得实质性进步和突破的门槛上。

改革开放40多年来，中国已经发展成为世界上最大、最活跃的新兴市场，商业竞争态势复杂，变化快速且激烈，积累了异常丰富的管理实践，为管理学的思考与研究提供了充足的素材和样本。同时，中国特有的深厚文化传统，虽一度遭受挫折，但在新的历史条件下逐步"灵根再植"，帮助孕育了丰厚的思想创新土壤。

在此期间，中国管理学的研究有了长足进步，发表的论文在国际学术界崭露头角，成长起一批素养深厚的学者。但与此同时，我们的学术研究存在着囿于西方理论和研究方法、与本土环境和实践脱节的弊端，因此受到实践者的冷落。这样的现象值得深思。

从世界范围看，管理研究一直在与时俱进地变化和发展。蒸汽机时代的到来，催生了泰勒制和管理组织理论、管理层次理论、管理激励理论等；电气化时代带来了福特制、行为科学理论、管理科学理论、系统管理理论等；信息化时代新的技术环境和商业环境、新的分工协作方式以及由此带来的效率的突变，都在呼唤管理理论的创新，遗憾的是，信息化时代管理研究的创新总体上是偏少、偏弱、偏慢的。现在，互联网经济方兴未艾，新一轮制造业革命初现端倪，数字化时代已经到来，历史给了中国一个特别好的机会，中国的管理学者已经立足于一片最肥沃的土壤，体现时代特征、基于中国情境的管理研究，一定可以大有作为。

在此背景下，2017年9月，我们在苏州金鸡湖畔发起成立"中国管理50人论坛"，以探索管理学理论特别是具有中国特色的管理学理论创新为使命，以推动管理理论与中国企业管理实践相结合为宗旨，总结中国优秀企业创新发展的经验，应对新的科技革命所带来的挑战，为中国经济社会的振兴、中国企业的崛起、中国管理学派的形成，做出中国管理学者应有的贡献。

我们的这个举动得到了机械工业出版社的大力支持。机械工业出版社在翻译引进西方管理思想方面做了许多工作，做出了很大贡献，为中国读者带来了弗雷德里克·泰勒、爱德华·戴明、赫伯特·西蒙、詹姆斯·马奇、亨利·明茨伯格、埃德加·沙因等西方管理学大师的经典作品。此外，还有管理学大师彼得·德鲁克的系列作品。在新的时代背景下，机械工业出版社也在积极关注本土管理实践创新和管理思想的孕育发展。于是，"中国管理50人论坛"与机械工业出版社一拍即合，携手合作，共同发起"管理学在中国"丛书的出版工作，旨在为中国管理学派的崛起贡献力量。

接下来,"中国管理 50 人论坛"还将与包括机械工业出版社在内的多家机构携手合作,打造"管理学在中国"管理思想和实践交流平台,举办大会、论坛、工作坊、企业调研、中外学术交流等活动,为致力于管理思想与实践创新的学者和实践者创造相互学习、交流切磋的机会,让感悟和创新的灵感在这些跨界互动中自然涌现。

"这是一个需要理论而且能够产生理论的时代,这是一个需要思想而且能够产生思想的时代。我们不能辜负了这个时代。"中国本土管理研究的崛起正当其时。我们期许,未来十年,"管理学在中国"丛书将以一本又一本真正有分量的著作,见证中国管理学派的成长。

王方华

上海交通大学安泰经济与管理学院原院长

前言 · PREFACE

管理的世界充满了悖论和冲突。管理学研究亦是如此。它所面临的主要困境之一，就是所谓的（至少是名义上的）"一仆二主"。一方面，要持续地符合和满足学术社区的科学研究规范，保持严谨自律。另一方面，要力求使研究的对象（内容）和产出（成果）与管理实践相契合，具有借鉴和指导意义。如此，管理学研究似乎更加接近医学和工程学等领域的研究而不是数学和物理等基础学科的研究。问题是，除了借鉴基础学科的研究以及自身对基础研究的适度参与，医学研究和工程学研究通常是聚焦于解决实际问题的，并有企业和机构愿意为其成果付费，而管理学的研究成果，除了个别学术明星的收费演讲以及偶尔对咨询项目的参与，其实是没有多少人和机构关注和在乎的，更不用说愿意为之付费了。

这种现象确实非常尴尬。其实，在二主之间一仆一直摇摆不定。拿管理学研究最为成熟和引人瞩目的美国来说，20世纪上半程，其管理学研究主要是偏向于管理实务。管理学的教学也是相当地依赖有实践经验的人士，主要包括退休的管理人员。教授们研究的大抵也是这些人的人生感悟和战斗故事。拿这些东西再卖给做管理的人，显然卖点不够有吸引力。同时，在学校里培养未来的管理者则需要帮助他们系统地增进知识和能力，光靠讲战斗故事就会显得不够有章法和体系。于是管理学转向全面拥抱学术研究，希望能够通过自己的学术成就赢得其他学科的尊重，在大学社区里更有立足之地。之后一发不可收拾。现在拿起某些所谓顶级的管理学期刊，随便翻翻，你很可能会觉得你读到的是应用数学或者理论物理。满眼的公式与推演。显然，有些走火入魔，管理实践被冷落了，玄妙的学术游戏玩儿大发了。于是，连管理学学术社区内的各类有头有脸的人物也开始呼吁要注重管理实践、注重实际影响，要做所谓的负责任的研究、有价值的研究。

显然，管理学研究的对象（组织与人的行为）本身是复杂多变的，相对于物理世界的现象和工程学要解决的问题尤其如此。像数学和物理学那样追求模型精准大概是误入歧途。像医学和工程学那样追求立竿见影的解决方案也许亦是不切实际。也许有人会想象，在所谓的数字时代，借助于虚拟现实和人工智能以及大数据，我们可以通过开发某种算法与应用程序来对组织和人进行管理。类似的想法在历史上已然尝试过若干次，从泰勒的科学管理到20世纪中期的系统论，从20世纪后期的管理信息系统（MIS）到各种企业运营管理工具（比如ERP）。对于管理运营层面的事情，这些尝试在某种程度上或许管用。对于管理人和组织而言，尤其是高层管理者在复杂和不确定情境下面临的战略决策，其实没那么简单。

仔细想一想，倒也无须过于焦虑。社会科学的学术研究，其目的也许不在于直接影响实践，而是通过对人的教育和知识传播使人更具智慧和判断力。实践，本身就是一种基于智慧和学习能力的创造与发挥。学了什么马上就能用，那不是管理者，而是技术工人。再说，学术研究也没那么功利。在很多情况下，研究者之所以放弃业界的潜在高薪而甘愿置身于学术界，就是为了求知的乐趣和想象的自由以及相对独立自主的生活方式。当然，说得直白一些，就是以各种学科为名头和平台恣意进行自己喜爱并有能力参与的智力游戏。学社会学的未必想当社会活动家，学政治学的未必能当政治家，学经济学的不一定去搞经济工作，研究金融的名教授去做实操可能一败涂地，学管理的可能完全玩儿不转哪怕最基本的人际关系。也许，这不是什么问题。也许，这也并不耽误别人从这些学者这里真正学到一些能够帮助自己在实践领域解决问题的东西。

管理学研究的悖论在于其良莠共存、表里相隙、真伪同在、粗精一体，表面一仆二主，实际上趾高气扬、自有主意、行向一极、心有偏趋。你说它没用，它真能解释你为什么失败。你想让它有用，它大概无法准确无误地告诉你导致成功的有效良方与实操秘籍。学术研究有其自身的内在逻辑。外在的呼吁和期许，最终大抵也只是呼吁和期许。学术社区内部的呼吁，也都是功成名就即将退休的一代守门人在貌似着急。倘若当年没有老老实实地做学问，他们今天大概也没地位和资格来呼吁。新一代学者还要像他们在数十年前那样兢兢业业地投身于学术发表，以便有资格在若干年后也能够有所呼吁。任何一种职业，除了面临急迫的生存危机，都很难主动地向外部势力妥协屈膝。甚至在有些时候，出于自尊，就是自绝自灭也要因循自身的节奏和逻辑。学术社区通常是更为顽固不化的。其中不乏智力超群一族，鬼机灵，有主意。有些出于生存考虑要招呼打点外部合法性，有些忠于职守要认真玩儿命地闷头做自己。

孩子小时候最烦的事情之一就是家长说天冷要穿秋裤。他们千方百计地不穿。等他们自己熬成家长了，又转而让他们的孩子穿秋裤，且乐此不疲。应该有创意地对待和解决这个问题，换个思路，换个名称，换个设计，比如超薄保暖内衣，或曰皮肤伴侣。管理者也应该从中得到启发，与其恨铁不成钢，一天到晚地呼吁学术研究应该如何如何，不如冷静地想一想，在现有的管理学研究成果中哪些能够用来自我启发，哪些可以借鉴发挥，哪些可以较为便捷地用于实操，哪些可以干脆置之不理、直接废弃。实在不行，退一万步想，看看学术社区以外的哪些研究成果比学术社区内的研究成果对管理实践更加有所助益。如果有，径直大踏步奔去"抢财掘金"，可也。果真如此，长久下去，管理学的学术研究自会关张大吉。那可是学者自找的，实践者也没什么损失。如果找不到，估计最好不要按照自己的臆想强求别人按照你的意愿比现在做得更好。即使是老板对待下属，也是一样的道理。

更何况，这主仆关系主要也只是名义上的。你真要是寻求咨询服务做解决方案，无论是找业界的还是学术社区的，都是需要有所破费的。显然，除了买书、订杂志的费用，这里所说的管理学研究产出的知识成果都是可以近乎免费获取的，随意选用。你也可能会说，上学还要交学费，哪儿来的免费？是的，学校还给你盖章了呢。没有学位，你估计也坐不到现在的管理者的位置上，我也坐不到我现在的教授的位置上。我越来越强烈地感到，现有的管理者主要是咨询服务的客户。就管理学研究和相关的知识传播而言，最直接和最适当的受众应该是学生，是未来的管理者，而不应主要是现有的管理者。启迪学生心智和意识，促使其具备管理者的思维方式与行为能力，这才是最为重要的。学生可以进业界，可以去做咨询师，可以进一步壮大学术研究的队伍。管理学的学术研究通过一代又一代的学生而产生效应。花繁叶茂，果实累累。提升福祉，嘉惠众生。洋洋洒洒，蔚然大观。浩浩荡荡，生生不息。

目录 · CONTENTS

总序

前言

第一章 管理学研究的使命与挑战   1
     管理学的两大诉求：学术严谨以及实践关照   3
     管理者需要什么样的管理理论   7
     为什么要学习管理学   13
     管理学知识的创建与传播   19
     中国管理学的含义与期许   24
     新中国成立70多年来的管理实践变迁与管理学演进   32

第二章 管理学研究和管理实践的割裂与融合   47
     知行合一的悖论   49
     "学而优则仕"的行动取向   67
     智力严整与实事求是   73

	百年老店的辉煌与尴尬	77
第三章	**学术研究的内在逻辑与评价标准**	**81**
	学术研究的评价标准	83
	理论的前提与边界	90
	研究专著与学术论文	92
	论文署名作者数量的猫腻	98
	近亲繁殖的悖论	101
	象牙塔的无奈与必须	107
第四章	**学术研究之机巧：选题创意**	**117**
	战略管理研究三例：资源和能力的来源及其再配置	119
	战略管理研究二则：资源和能力从哪里来	121
	组织管理研究赏析：组织智力与组织记忆	127
	营销学研究启示：重要客户与跨界反转	131
	对基础学科的借鉴：以社会学和心理学为例	135
第五章	**学术研究方法论：赋能与约束**	**145**
	研究者的价值取向与先验预设	147
	理论贡献的呈现方式与理论的构建方法	150
	跨界研究：管理学与历史学	155
	卡内基学派：假设之真实可信与人物之风采	158
第六章	**从悖论视角看管理与相关专题**	**169**
	共享经济是与非	171
	商业模式：当下时代的思考	181

　　　　篮球中枢脚的战略启示　　　　　　　　　　　188
　　　　价值创造与收获　　　　　　　　　　　　　192
　　　　管理失败：机制失灵与人为错误　　　　　　200
　　　　对创始人被踢出局的悖论解读　　　　　　　203

第七章　学者的学术历练以及社会属性　　　　　　205
　　　　记读书笔记的功底　　　　　　　　　　　　207
　　　　创业者为什么要跟教授聊　　　　　　　　　212

后记　　　　　　　　　　　　　　　　　　　　　　216

CHAPTER 1

第一章

管理学研究的使命与挑战

THE
PARADOX
OF
MANAGEMENT
RESEARCH

管理学乃是以组织和人为主要对象而对管理实践的过程与机理进行考察和研究的学科。作为一门应用型的学科，它同时肩负着两个重要的使命，既要满足学术社区系统的科学研究规范，又要关照与管理实践的契合并对其有所启发。学术研究的过程和成果本身不仅要严谨精准，而且要能够助益管理实践，这种双重使命定位对管理学研究带来严峻的挑战，提出了更高的要求。管理学在中国的发展亦是肩负重托，步履艰辛。无论是"食洋不化"的亦步亦趋，还是急功近利的短视肤浅，都可能导致我们误入歧途，事倍功半。头脑清醒，态度务实，在尊重学术研究的基本规律和内在逻辑的基础之上，提升管理学研究的质量及其实践相关性乃是管理学研究者责无旁贷的担当。前路漫漫。任重道远。

管理学的两大诉求：学术严谨以及实践关照[一]

学术研究是一种生活方式，学者的生活方式。之所以能够存在并延续，注定有其道理，有其自身的逻辑，而且同时对其利益相关者的诉求有贡献和效用。其繁盛，不仅有赖于自身的发展与进步，也取决于外部的容忍与支持。管理学研究亦是如此。管理学既要保持自身的学术严谨，又要关照管理实践。

管理学研究的一仆二主

作为一个问题导向的应用研究学科，从长远看，管理学可谓"一仆二主"。它既要满足学术社区对于科研活动及成果判定的严谨性要求，也要与管理实践社区有足够的相关性，有启发意义。到底是管理学者依靠自己的思考和观察并通过自己的研究成果去启发和指导战略管理实践，还是他们有选择地应用现实世界管理实践的素材和问题作为自己研究的平台和情境来丰富自己的研究工作，并最终满足自己的好奇心以及求知

[一] 本节文字节选自拙著《管理的偏见》中的"国际接轨：商学院的一仆二主"一节以及拙著《战略管理学说史》中的"理论与实践的复杂关系"一节（有所修订）。

的偏好与初衷？

也许，两种力量同时存在，交叉抑或并行。管理学研究既要遵从科学发展自身的逻辑，又要关照对企业实践的启发和引领。毕竟，知识创造本身有其长期和根本的意义所在，并不一定会对实践产生立竿见影的直接影响或者对管理问题提供药到病除的解决方案。同时，科学研究和知识创造也是分为不同层次的，有基础研究、应用研究和具体的问题导向的研发。纯粹的学术研究，往往是专注于基础研究层面的有关根本问题的一般性理论研究。至于更加具体的中区理论（Mid-Range Theory）层面的研究则介于基础研究和应用研究之间，也许更加偏重应用研究。完全专注于解决问题的研发层面的研究则主要是咨询公司和智库机构的专长。

因此，学术研究的作用和意义，尤其是基础研究的重要性，在于创造一般性的知识，用最严谨的手段和方法去构建一些尽可能接近现实并能够在最基本的层面解释现实的理论知识。这种基础知识可以激发咨询公司等机构的应用研究和解决方案构建，可以直接启发管理实践者根据自己的情境去改善和提高自己的管理实践水平，可以通过学校教育去系统地提升未来管理者的学养、品位与格调，激发他们的探索精神和系统思考的能力，鼓励他们用科学研究的思路和科学方法论去应对现实中遇到的问题。这是学术研究的重要意义和最为实际的贡献。也正是在这个意义上，不一定每项管理学研究都必须涉及对管理实践的直接作用与影响。

理论与实践的关系：复杂而又割裂

某些理论可以直接解释现实、指导实践。某些理论也许需要应用性的解读与阐释才能对管理实践者有启发意义。还有一些理论，源自学者为了构建新的理论所必须进行的纯粹的基础研究，对实践基本没有任何意义。也就是说，有些理论仅仅作为学者的智力游戏而有其存在价值，与管理实践没有任何干系。还有一些理论虽然精彩，但可能没有可以直接对应的现实来对其进行检验和应用，因此，其实用价值一时难以确定。

有些实践，可能没有现成的理论能够清晰精准地解释，甚至没有理论能够说明其根本的机制和道理。而且，很多能够解释和指导现有实践的理论，也通常因为实践者没有机会或者兴趣接触而无缘与实践对接。另外，各种未经检验的所谓"经典妙方"与"实战秘籍"，以及有华美标签的道听途说的东西和个人偏见，通常也以各种理论为名头风行于世。其错误的传播与应用无疑在某种程度上败坏了理论的名声。

无论如何，学者的研究，最终是为了知识发现与创造本身。至于别人（包括最需要靠谱而实用之理论的管理实践者）是否理解和赏识，那是另外一个问题。学术研究本身自有其存在的价值和内在的逻辑。比如，学术大家马奇教授认为，判定学术成就高下的主要尺度是该理论是否有趣好玩，以及在理论构建和呈现的过程中手艺是否地道。

其实，一旦理论与实践结合，点子与行动相遇，结果就可能会是革命性的突破，形成轰轰烈烈的运动，摧枯拉朽、红红火火。小的运动可能隔三差五、接连不断。可以想见,实践中的管理精英以及学术圈中的理论精英,通常都会认为自己是最聪明的人。而最聪明的人,其最突出的特点之一,就是会对(自己领域内和其他领域里的)不聪明者或他们认为的不聪明者自然流露出难以掩饰的鄙夷和不屑。文人相轻,愚夫互贬。秀才与兵,书呆子与折腾者。各种鄙视链层出不穷。

因此,必须有足够好而又足够亲民的理论与足够开明而又足够接地气的实践者紧密结合,才能产生改天换地的运动。但这注定是可遇而不可求的。星星之火,可以燎原。当一个聪慧的点子或者强劲的理论适逢其时之际,没有什么比它更有用的了。如此,理论不一定需要最为完美精准,但要至少具有基本的学养与合法性以及超强的吸引力,并且能够以各种聪明程度的实践者听得懂、看得见、摸得着的方式传输给他们,使他们得到激发和动员,得到他们的信奉与承诺,使他们义无反顾地投身到该运动中。可以说,管理理论在世俗生活中的表现,是基于一个又一个所谓的流行趋势与当下时髦而界定的。

管理者需要什么样的管理理论[一]

管理者是否需要管理理论？当然！需要什么样的管理理论？不好说。即使对于那些声称不信和不用任何管理理论的管理者来说，不管意识到与否，他们其实也是实实在在地在使用某些特定的理论，那些涉及因果关系的思维路数和决策习惯，或正式的或随意的，不管是别处学来的还是自己总结和信奉的。

我在中国人民大学听过一次讲座，对高鸿业老师当时的一句话，我至今记忆尤深："当理论和实践打架的时候，倒霉的必定是理论。"理论反映现实，理论解释现实。当理论不能反映和解释现实的时候，所谓理论指导实践，便无从说起。对专注于实务的管理者来说，其实践并不是为了检验真理，其理论诉求也并不一定是指导实践。

准确地说，管理者通常需要这样一种理论——一种能够反映和解释现实的理论，来帮助他们感知现实、证实感知，并对其管理行动赋予意义，最终使之感到从容、有据、坦然、合理。说白了，管理者对理论的

[一] 本节文字修订版曾以《我们需要什么样的管理学说》为题收录于拙著《叶公品龙》。此处略有修订。

所谓"应用"实际上是一种社会符号性的消费，主要为的是心理上的满足和踏实。对中国的广大管理实践者而言，究竟需要什么样的理论呢？

对一种理论或学说（其方法论与主要结论），我建议大家思考如下四个问题：

（1）是否为国内管理实践者所接受和信奉？
（2）是否为国外管理实践者所接受和信奉？
（3）是否为国内主流学术社区所接受和欣赏？
（4）是否为国外主流学术社区所接受和欣赏？

在考察这四个基本问题之前，我们必须意识到，所谓的理论，其实是有"实践中的理论"和"文献中的理论"之分的。前者流传于坊间，口头传承，生动鲜活，所谓对潜规则的理解和信奉便是一例。后者存留于纸上，见诸媒体，广为传播，比如波特战略分类法。本处关注的重点，是有关解释中国管理问题和现象的学说与理论。

如果我们相信理论反映和解释现实，那么，文献中的理论应该是实践中的理论的外在化、书面化和正式化的表述，是某种升华和浓缩。因此，我们先从一种学说能否引起中国企业管理者的共鸣来看问题。如果一种理论，为中国管理实践者所信奉，而并不被主流学术社区欣赏，这种理论可以称为"黑市理论"，有其存在的道理。

比如，大多数企业家以及学者可能会认为政府"应该"体谅企业的难处与困境，宏观调控要慎重。而比较知趣的管理实践者则这样认为：

政府做事毕竟按照政府的逻辑，虽说不能一刀切，到时也得切一刀。搞管理的，不管政府的政策如何，只要能够正确地预测政策走向，就可能比对手更及时妥当地采取对策。这种现今的黑市理论，大概是可以转成灰市理论，进而摆上桌面的。

有些理论，中国的管理实践者非常信奉，学术界也十分认可，但并不符合国际学术社区的检验标准。这种理论可以称为"人民币式理论"或"中医式学说"。当下中国的学术社区与咨询业和各类所谓的实战派人士很难清楚地界定与区分。因而，中国的管理学学术社区相对比较复杂，缺乏统一的规范。所谓的被中国管理学学术社区接受的理论，实际上是五花八门、鱼龙混杂的，但的确又可能沙里含金、真伪共存，并且局部的亮点智慧非凡。比如，基于现代管理实践与观察的所谓的"土狼""休克鱼""做减法"，以及基于中国传统文献《易经》《论语》《三国志》等的理论或学说。这些理论或学说，通常难以经得起科学研究标准的推敲，但偶尔管用，间或有效。大家似是而非地理解，稀里糊涂地应用，将信将疑地喜欢，莫名其妙地信奉。

既被中国管理者接受，又被国内外学术社区共同承认的理论，大多是源于西方管理实践的理论，被引入中国后，得到某种程度的验证，而被认为是具有中外普适性的理论，比如SWOT分析、产业结构分析、波特战略分类法，以及核心竞争力。这种理论和学说，可以被认为是"信用卡式理论"，或者"西医式理论"，可以"全球通"，走遍天下，不仅西方管理学研究者与实践者津津乐道，而且在中国学者和管理者中亦是耳熟能详。然而，以中国管理实践为素材的理论，迄今为止，鲜有达到如此境界者。当然，也有中国学术界专家痛批这些机械、无用的洋垃圾。

以中国管理实践为素材，应用国际主流管理学学术社区认可的方法论做出的成果，已经初见端倪，但是仍然缺乏系统性，并且往往不被中国学者认可，尤其是不被中国管理实践者认可。这些理论和学说通常由两类学者生产制造，他们有时各自为战，通常则是两相合谋。一类是国际管理社区的精英学者，他们以管理学研究国际化的名义向中国（以及东欧、东南亚、拉美等）扩张渗透，主要散播既有观点，捎带蜻蜓点水地进行"本地化"包装。另一类是在西方受到主流学术社区正规训练的华裔学者以及一直对中国饶有兴趣的外国学者，他们努力将中国题材的研究引入国际主流，颇为值得钦敬。

但问题是，这两类学者很少有持久扎根中国者。与国外的汉学家不同，他们很少是"中国通"，或者"中国企业通"。不仅如此，来自中国企业的各类数据的可靠性以及分析方法的妥当性也会在某种程度上影响我们对研究结果（尤其是实证研究结果）的信心。因而，这些理论和学说，恰似当年的"外汇券"，是给外国人用的，是给涉外的华人用的，不是给中国本土的企业管理者用的。

当然，还有一些理论和学说，不管是国际主流学术社区认可，还是中国学术社区认可，抑或国内外学者都认可，管理实践者就是不接受，觉得没有实际意义。这种现象是完全可以理解的。学术研究，毕竟有其内在的逻辑。管理学研究，亦是如此。管理学研究虽有非常强的功利性，但仍然有相对独立性。

有些研究结果注定只是给学者和专家看的，属于"自娱自乐式"理论。这种理论，可以是本土局域性的，也可以是全球相关性的。管理者没有必要看，更不必担心看不懂。正像绕口令是相声的基本功，可以帮助说相声的口齿清楚地抖包袱，而听相声的主要听的是包袱，绕口令里通常没有包袱，所以不必多听，更不必多练。

最后，还有一类理论，即以国外管理实践或文化背景为素材而产生的所谓"洋灰市"理论。之所以是灰的而不是黑的，是因为它们已经广泛见诸媒体，而不是真正流行于实践。其主要特点是不被国际主流学术社区认可，基本不符合科学方法论的研究标准。这类理论有两种，一种是杂乱无章、千奇百怪的故事传说、实战经典，多见于各类商务畅销书，比如《一分钟经理》《向游骑兵学管理》《羊皮卷》等。另外一种，系统性稍强，技术含量较高，可信之处较多。比如，德鲁克的各类著作与学说，以及《基业长青》，甚至《蓝海战略》等。这类"洋偏方"，尤其是后一种，却在中国的管理学学术社区中被当作学术文献，并且在商务书市场大行其道，众多管理者购买与消费，不知他们是否吃得消。

中国真是个大市场，什么都能卖出去。好像没有什么理论遭遇"倒霉"，因为我们根本不在乎它们和实践有没有关系。正像改革开放之初，从欧洲随便来个三流乐队，都被国人认为是世界级的。现在，但凡是个外国人写的书，都有人翻译有人卖。说来也怪，在国外信奉中医的毕竟是少数，而在中国管理界，信奉洋理论、猎奇洋偏方的却大有人在。不知是何道理。

奉劝诸君：如果你是有志于带领中国企业走向世界的企业家或管理者，请你多了解西医式理论，出门带上信用卡。因为你的同行和对手都在用。当然现在也可能是用 Apple Pay，偶尔用支付宝和微信支付。如果你主要在国内游走，通晓人民币式理论、了解中医式学说、探索某些黑市偏方还是必要的。其他的理论，让它们自生自灭吧。

为什么要学习管理学㊀

无论是老板还是管理者，不懂管理，无异于尸位素餐。学习管理学的基本道理乃是在实践中创造性发挥的重要基础。也许，在某种程度上，管理学的研究成果可以帮助管理者少走一些弯路，避免犯一些低级的错误。

21世纪初，正当MBA教育在中国刚刚走过起步阶段并开始稳步发展的时候，国外管理学界出现了几起颇为引人注目的质疑现行以美国模式为代表的MBA教育方法和效果的事例。之所以引人注目，是因为这种质疑并非来自外部势力，而是恰恰来自MBA教育机构内部，来自世界一流大学商学院里直接从事MBA教学和管理的一些精英人士的批评与反思。

斯坦福大学的杰夫瑞·菲佛、麦吉尔大学的亨利·明茨伯格、伦敦商学院的萨门绰·高沙儿、南加州大学的沃伦·本尼斯等构成了这一反潮流队伍的强大阵容。人人有名，个个能侃。有理有据，真情实感。于

㊀ 本节文字曾以《为什么引火烧身者出自管理系》为题收录于拙著《缎子麻袋装管理》。此处略有修订。

是，一场波及商学院教育、培训和实践领域的保持商学院先进性运动逐步酝酿和开展。

杰夫瑞·菲佛，以"权力"为核心研究管理学的明星学者，在组织行为学、人力资源管理和组织理论等领域提刀走马 30 余年，是建树宏大的学界宿匠，在美国管理学会（世界上最大和最权威的管理学研究者学会）2002 年所出版的《管理学会学习和教育》创刊号上，以耸人听闻的《商学院的终结？成效不足，养眼有余》为题，对 MBA 教育的功能和效果首先发难，指出管理人员的 MBA 学位（尤其是不知名学校的）以及读 MBA 时的成绩都与职业成就没有多大相关性。

商学院教授的研究既与管理实践没多大关系，也对管理实践没多大影响。现有的顶尖学校是在现有游戏规则下胜出的，它们不会自掘坟墓。因此，让商学院彻底洗心革面，基本无望。尽管如此，他希望商学院能够向医学院、法学院和工程学院等职业院校学习，努力与为管理这一"职业"提供服务的使命更加贴合，而不是向文理学院那样更看重自己的学术地位。

亨利·明茨伯格，以研究管理者的角色和工作特点出道，在战略过程、组织结构和组织中的权力政治等研究领域贡献卓著，以阐释"自生战略"和强调管理的艺术性一面著称，学识渊博，著述甚丰，于 2004 年再掀波澜，以故弄玄虚的《管理者而非 MBA》为题，对现行的 MBA 课程体系和 MBA 项目运作方法大加挑战，前半部批判现实，后半部鼓吹解决方案。他对现有 MBA 项目的批判主要集中于两点：在训练和提升管理技能方面非常没有成效；给学生灌输的对理性分析的盲目崇拜和轻信以及管理者只对股东负责的谬论，是不可否认的 MBA 教育失败的根源。可以说，现有的 MBA 项目，是在错误的地点用错误的方法培训了错误的人选从而导致了错误的结果。

什么是更有效果的出路呢？明茨伯格自己设计了一个旨在专门造就"管理者"的全球培训项目，一个由英、加、印、日、法五国的总共五个大学参与，并有多个公司提供现场活案例的项目。学生在比学校课堂相对放松和真实的环境中"总结"和"反思"在项目中"自然而然"体会到的或已有的见识。

萨门绰·高沙儿（2004 年逝世），哈佛商学院博士、麻省理工学院博士，曾任职于欧洲管理学院和伦敦商学院，乃国际商务、跨国公司与全球竞争战略研究的权威，社会交换理论的忠实信奉者和实践者，精力旺盛，能力过人，在其身后（2005 年 3 月）发表的最后一篇论文中，毫无遮拦地指出"坏的管理理论正在摧毁好的管理实践"。

他大力批驳以休谟、边沁、洛克为代表的极端个人主义哲学，以及当代以弗里德曼为代表的芝加哥学派的哲学取向，并以"代理人理论"和"交易费用理论"为坏理论的典范，还捎带上博弈论和谈判理论，他对商学院里弥漫着的"对人性丑恶自私性的坚信不移"和"对管理者的极端不信任"，有切肤之痛。他断定安然公司等的商业丑闻现象的出现，就是现行 MBA 教育体制种下的祸根所致，因为它造就了一批又一批极端功利、道德沦丧、精于分析、善于盘算、不择手段、唯利是图的管理人员。他还强调，对人的尊重和欣赏将是扭转局面的唯一可行的线索。

沃伦·本尼斯，领导学领域首屈一指的专家，被《福布斯》杂志誉为"领导学大师部落的酋长"，不仅研究领导学，还亲身实践领导力，20岁时曾在第二次世界大战（简称二战）的德国战场上任美军最年轻的步兵队指挥官，曾执教于哈佛大学和麻省理工学院，任大学校长长达26年，是美国商会董事、《财富》500强企业的咨询师、4位美国总统的顾问，他直白了当地解析"商学院如何误入歧途"。

本尼斯明确地指出对科学性的过于注重和追求，导致商学院毕业生受训的分析技能与面临的复杂管理任务严重脱节。"在必须用混乱和不完全的数据做决策的商业领域，统计与高级方法论的应用可能会使管理者更加盲目而不是更加清醒。"

"今天，完全可能在管理学教授中找到这种人，他们除了作为顾客以外从来没有进过任何一个真正企业的大门。"（说的就是马浩教授这种人，呵呵。）他并没有主张完全反对商学院拥抱科学性和严谨的方法，而是认为不应当忽略对管理者判断力和领导力的培养。

不难看出，有一个共同的观点贯穿四位学者的论述，那就是商学院对科学性和学术性极端推崇，同时忽略管理技能、理论与实践的相关性和人。另外一个值得注意的现象就是这四位对商学院体制开刀的学者全是管理学领域的。这便引出一个令人深思的问题：为什么只有管理学领域的人才关注商学院的种种弊端呢？

有几种可能的解释。猜测而已。商学院其他领域的教授，或者因为本领域科学化程度甚高，已经基本上不需要关注与现实世界的联系，比如经济学，可以以学术的名义自娱自乐，反正"经济学101"有用没有用大家都得学，还都得考过。

或者研究对象是一个具体的职业，比如会计学，可以像医学那样学以致用，至少哈佛商学院的两个会计学教授把几个业绩指标凑在一起，贴个标签"平衡计分卡"，就能名扬世界，所以毫无怨言。

或者学科进入门槛儿较高，比如金融学，它的数学公式一点儿不比经济学少，再整几个类似物理学一样精致的定理，干脆更加职业和玄妙一点，隆重推出"金融工程学"，可以到华尔街挣大钱，在商学院教书混好了一年也能挣半个百万美元。又有那么多盼着到华尔街挣更多钱的学生支棱着耳朵听他们侃，宾主尽欢，得意还来不及呢。

或者领域本身根基浅，地位不牢靠，比如管理信息系统，IT转冷以后，学生兴趣大减，当年直逼金融系和会计系的教授工资现在也比其他系少。

或者科学化程度还不如管理学走得远，比如市场营销学，光讲战斗故事也能对付一阵子，虽然有一部分学者要把市场营销学搞得像经济学一样去玩数据、建模、搞科研，但上课的时候真正想卖和好卖的货色大多还是战略管理领域的东西，自己的学科名分以及独立性还没整周全。

所以说，商学院里，别人要么无所谓，要么过得好好的，要么无可奈何，只有管理系，原来想用科学的办法过得更好，现在又想用实践的办法过得更好。当然，商学院有的也称管理学院。服务管理才是商学院的主要存在原因。自己创业也好，当职业经理人也好，管理技能和艺术至关重要。

缺什么，管理者可以聘什么。你是管理者，你可以根据需要雇经济学家当顾问，雇金融家理财，雇会计做账，雇工程师管生产，雇营销者闯市场。而管理，包括对管理者的管理，必须靠你自己。你也可以什么事儿都雇管理者，不过，那样的话，还要你干什么？！即使真是那样，你雇的最高管理者也是学管理的哟！

你说，"我就是管理系毕业的，但我不会管理"，好嘛，这时候你不骂管理系才怪呢。什么狗屁管理学，纯粹瞎掰！我想，这可能就是四位管理学明星学者的忧虑和质疑的原点吧！

管理学知识的创建与传播[一]

将管理学作为一门学科,在全球范围内不过是最近 100 年左右的事情,在我国也就是最近 40 年的事情。管理学知识的创建和传播,有赖于多种参与者的共同努力,包括他们之间的相互借鉴与交叉融合。这些参与者包括管理人员、大学教授以及咨询公司、培训机构、新闻媒体等。本节将阐释这些不同类型参与者的角色特点及其在管理学知识的创建与传播过程中的贡献。

一般而言,除了某些旷世奇才的先见之明及其对底层逻辑的阐发,多数社会科学的所谓理论都是滞后于实践的,是对某些既有现象与问题的发现捕捉、归纳梳理、反思总结、抽象提升,属于某种回溯性的理性再造、逻辑重建。管理学也不例外。最早的管理学理论贡献者,正是来自管理实践者和职业管理者。

[一] 本节文字曾以《管理学的广义分工》为题收录于拙著《管理的境界》。此处略有修订。

> **管理学知识创建与传播过程中**
> **主要参与者的角色特点**
>
> 管理人员：实践、总结、学习、应用
> 大学教授：研究、传授、育才、咨询
> 咨询公司：发现、指导、解决、正名
> 培训机构：灌输、兜售、表演、激发
> 新闻媒体：观察、报道、传播、督促

管理人员

管理学先驱亨利·法约尔曾经是矿业工程师、职业经理人。他在退休之后总结出来的计划、组织、指挥、协调、控制等五大管理职能，影响西方大学管理学基础课程长达一个世纪。此类贡献者的主要任务是实践与总结。

而在管理学知识的传播过程中，管理人员的主要角色则是学习和应用，学习前人的经验、研读学术社区的成果、参加培训、使用咨询服务、关注商业媒体动向等。比尔·盖茨曾经坦言，对他影响巨大的一本书便是斯隆在 1963 年出版的《我在通用汽车的岁月》。通过研读历史、对标学习、更新知识，管理人员可以推动最佳实践的传播与应用。

大学教授

通过严谨系统的科学研究所创建的管理学知识，以及那些基于科学方法论并通过同行双向匿名评审的研究成果，是学院派的立身之本。学院派的重大挑战是如何准确、及时、广泛地将自己的知识以易于被管理者接受的方式传播给他们。营销4P、五力模型、核心竞争力等，堪称学术研究影响管理实践的典范。

大学管理学教育的另外一大职能是育才。教授可以将管理学知识和相应的研究与实践技能通过系统授课以及相应的方式传授给学生。而这些学生，则可能是未来的管理人员、研究者、咨询公司顾问、培训机构人员、媒体从业者等。他们是未来的管理学知识的创建者和传播者。通过参与在岗经理人培训或者任职企业的管理顾问等渠道，大学教授不仅可以比较有针对性地传播管理学知识，还可以直接获取科学研究和新知创建的素材与灵感。

咨询公司

咨询公司，既是管理学知识的创造者，也是应用者和传播者。咨询公司的知识创建和积累，可以来自自己的系统研究，也可以来自为客户提供咨询服务的过程中的发现和提炼，还可以来自与大学教授的合作。

咨询公司的知识传播，体现在为客户提供咨询服务的过程中的应用与推广，也可以体现在它们公开发行的专著或者发表的文章之中。典型案例包括麦肯锡与通用电气合作推出的GE-麦肯锡矩阵，波士顿咨询公司提出的资产组合矩阵及其发现的经验曲线效应等。

相比于大学教授的基础研究，咨询公司的研究往往更加倾向于实用，有益于为客户提供指导建议，为客户的具体问题提供实际的解决方案。不仅如此，咨询公司还非常注重专业性，专注于具体的行业、职能、问题和现象，将自己的知识储备进行系统的分类，从而能够有的放矢地发挥和应用自己的专长。当然，咨询公司的另外一项重要职能，是为客户的管理层提供行动的外部权威借口以及必要的合法性。

培训机构

培训，可以是大学机构的附属单元，也可以是咨询公司的副业，还可以是企业内部的职能。这里，我们主要把眼光聚焦在纯粹的商业性培训机构。它们的使命是将某些管理学知识大规模地、迅速地传输给既定的受众。

此类机构的主要任务是知识传播，而不是知识创建，甚至不需要任何创建，只是购买独家代理权，向受众灌输和兜售别人开发的标准内容，比如《高效能人士的7个习惯》。可以想见，此时从业者的主要职能应该说是表演，通过生动形象的表演，将预设好的信息有效地传输给受众群体。

当然，一个更高层次的境界是对受众有所感染和激发，使他们在接受灌输和兜售的同时被触动和启示，自觉地接受和应用所接收的知识，甚至能够触类旁通或者进一步思考和学习。

新闻媒体

新闻媒体，也是管理学知识创建与传播过程中不可或缺的参与者，其主要职能是观察、报道、传播、督促。记者型的人才往往嗅觉敏锐，感受鲜活，习惯性地试图捕捉各类领域的前沿动态和趋势。他们追逐采访风口浪尖上的管理实践者，定期探寻学术社区的领军人物和学术新星，适时了解咨询公司和培训机构的最新作为。

通过相应的报道，媒体将这些人士和机构的动态及其创建的管理学知识传播给更广的受众群体，同时也增进这些人士和机构之间的互相了解。媒体的报道与传播，对这些相关的人士和机构同时构成一种督促和提醒，使研究者更加有意识地关注现实问题，使管理实践者更加关注最佳管理实践以及最新的管理学研究成果，使咨询公司和培训机构更好地把握大的趋势及其演变，从而提供更加精准的服务。

中国管理学的含义与期许

管理学在中国起步较晚，历经艰辛，充满期许，有诸多挑战。到底是照猫画虎、模仿复制，还是自立门户、自信自满？可否践行创造性转换，用现代化取代所谓的西化，用科学观应对所谓的独特性？用严谨规范的方法去做揭示规律的研究，力求解释和助益中国管理实践，更为全球商业文明做出自己应有的贡献，此乃我辈大任。

现代化

现代管理制度与实践以及与之相应的现代管理学，无疑是西方舶来品。对于中国本土传统的管理实践以及中国自己的管理学学术社区，现代化既是冲击，又是机会。在改革开放之初，我们希望用市场换技术，用市场换管理。几十年过去了，学习外资企业，改善自身，国内的企业逐渐进步，有些已经出海航行，傲立国际。

与此同时，中国的管理学研究和教育，亦受到现代管理学的全面洗礼。从中美合办的大连管理培训中心到北京的中欧管理中心，从中美合办的黄河大学到后来的中欧商学院，与国际接轨的举措和尝试也给传统的管理学教研体系带来了冲击和压力，促使大家共同进步，互相激励。

回溯过去，中国工业的现代化，大致上始自洋务运动。之所以谓之"洋务运动"，自然不是土产自生，而是从洋人那里搬过来的。同样，中国现代的大学制度和科学研究的科系门类也基本上都是从西方学来的。

如此，一种比较务实的态度，也许是不要轻易地把现代化的东西自动等同于其发源地西方本身。我们需要的是创造性的转换与更新，用我们自己的方式拥抱现代化以及人类文明的结晶，学习和借鉴所有先进的理念与实践方法，而不是固执地认为它们是西方或者任何其他地方的专属私产。马克思也是西方人，而且在中国大有影响。

为什么会"食洋不化"

就事实判断层面而言，管理就是实现组织或个人目标的行动和过程。古今中外皆然。当人们谈管理时心中暗喻的所谓的"好的管理""真正的管理""有效的管理"属于价值判断的范畴，见仁见智，没有究竟，亦无到底。管理学亦是如此。什么是有价值的管理学？答曰：那些解释真实管理过程和运营机制及其背后的规律与逻辑的研究结果。采用现代化科学研究方法进行的研究，无论中西，接近这种管理学的概率通常较大。

经常有人会问，为何西方的管理思想在中国会遭遇磕磕绊绊，我们为何总是"食洋不化"？可能的解释至少有三种。其一，理解西方管理思想的人不多，很多研究、讲授、贩卖西方管理思想的人，以及自称在中国应用西方管理思想的人，其实都不理解。其二，无论是否理解西方管理思想，其实我们根本没有"食洋"，顶多是隔着橱窗瞅瞅而已，抑或只是拿"洋货"给一些自己也搞不清楚到底是什么的吃食做了华美的包装纸。其三，假设我们"懂洋"却仍然"食洋不化"，那还有一种可能性：我们无论"食"什么都是囫囵吞枣，而且半生不熟，无论什么管理思想，不分什么古今中外，皆如此。如此多的国学经典，如此多的理论说教，深入人心了吗？那么多的高级主义，那么多的先进思想，指导实践了吗？

厘清中国管理理论的概念

在中国发展管理学，无疑要做出中国自己的独特贡献，既是为了中国学者的自尊，也是为了助力中国管理实践的进步，更是要贡献于全球商业文明。界定和理解中国管理学研究和中国管理理论，首先需要厘清一些基本概念。

窃以为，广义的中国管理学研究，或者说中国的和中国人（华人）的管理学研究至少包括如下几种，而且从中会产生不同层次和不同侧面的与"中国管理"相关的理论或者学说。

其一，**在中国进行的管理学研究**，包括中国学者进行的、外国学者进行的、中外合作团队进行的。也就是说，此种研究指的是在中国境内进行的研究，无论是中国学者自己进行的、外国学者在中国独立开展的，还是中外学者合作共同进行的。这种界定显然是以国别本身定义的，但它的主要焦点在于研究者。

其二，**对于在中国经营的企业之研究**，所研究的企业包括中国企业、外国企业、中外合资企业等及其关系。这种界定包含了所有在中国境内经营的企业，中外皆有。这种界定虽然也是以国别本身定义的，但它的主要焦点在于研究对象。

其三，**对于中国企业的研究**，包括中外学者分别或者合作进行的研究，在中国国内、国外或者内外合作进行的研究。这种界定主要针对研究对象：中国企业、源自中国的企业、由中资控股的企业，抑或大家潜意识里认为是中国企业的企业。

其四，**对于中国式（Chinese Style）管理或者中国特色（China-Specific）管理的研究**，包括中国学者、外国学者或者中外学者合作进行的，在中国国内、国外或者内外同时研究的，以及被研究的企业在中国国内、国外或内外同时经营的。其中，中国特色还可以进一步区分为中国国内的特色（within-China uniqueness）以及全球范围内华人企业的特色（pan Chinese characteristics）。

如果没有对中国管理理论或者中国式管理的精准界定，只是热切地呼吁要构建所谓的中国管理理论，虽然令人心生暖意，甚觉使命崇高，但恐怕最终也是不知所云、似是而非。如果所谓的中国式管理指的是没有受到任何国际化冲击的某些偏远地区传统的家庭作坊之间跨世纪传承延续的易货贸易商业模式，独特倒是独特，而且很可能有一定的理论含义和审美色彩，但在现代化和全球化日益加深的今天，其实并没有太大的现实意义。

其实,并不必过分牵强地拘泥于国别化本身的研究,专注于实际的现象和问题,用现代的和科学的方法下苦功夫钻研和审析,构建符合科学规范的理论和体系,在中国国内,管理学研究者照样能够有世界级的贡献和影响。对此,我深信不疑,我辈尚需努力。

对一般性规律的青睐

毫无疑问,一个人的独特经历自然会影响他的世界观和职业上的偏好与见解。20世纪80年代中期,在大学二年级,我开始在图书馆自学、研讨英文原版的管理学教科书和专著。我所接触的管理学或管理理论都来自英文文献,而且以美国的素材为主。无奈,当时的中国没有管理学,自负盈亏、独立经营的企业也刚涌现,之前的所谓单位也都是计划经济时代没有经营决策自主权的基层执行者。因此,学习和思考管理学的基本问题之际,就自我意识和理解把握而言,我自认为是从普适性和一般性的情境去理解的,并没有把那些理论或者道理当作西方的或者美国的,而是当作针对一般性的或者抽象性的组织的。这是一个没有任何实践经验的本科生的接触和体味。正是没有直接的工作经验,才更容易思考抽象和一般的理论。当时反倒是阅读《哈佛商业评论》没有什么特别的感觉,甚至有些读不下去,因为那些案例故事和地道的美国企业素材对我来说从来没有太大的意思,不够理论,不够一般。当然,有时回头反思,连我自己也会怀疑我的这种自认为足够普适性和一般性的先验预设是否也充满了某种自我难以觉察和有所醒悟的偏颇狭隘。

弹指间 35 年逝去，留美返国，这种偏好和倾向似乎有增无减，虽然我在北大[条]任教已经快要接近 20 年。2017 年岁末，我参加了一个有关战略管理在中国发展的讨论会。作为发言者之一，我提出了一些基本的问题和猜想，与同事进行了初步的交流和沟通。有关管理学研究中国化的问题或者中国式管理研究的问题，参与讨论的人和被讨论的话题可能很多。我个人一般不愿意介入这种讨论。我欣赏和看重的都是一般性的研究，可能更加关注共性的东西。同一个世界，同一种道理。同一个主题，不同的变奏。

简要说来，我大体感觉一个国家的管理实践和在这个国家总结出来的理论（甚至是以这个国家的实践为素材所总结出来的理论）之间的关系可能非常复杂，从严丝合缝到若即若离，再到毫不相关，都有可能。大家经常爱说，西方的理论无法解决我们自己的问题。其实，西方的理论也未必能够解决西方企业自身的问题！从理论发展程度相对较为成熟的美国来看，美国的企业管理理论，不管是否声称是美国式理论还是普适性理论，能够解释甚或指导美国自己的企业之实践的，可能也没多少。这种讨论可能忽略了一个潜在的基本道理：这其实是理论与实践之间关系的一般性问题，并不一定是中西差异的问题。

管理学学术社区研究出来的学术化的管理理论，课堂上给 MBA 学生教的框架与内容，畅销书市场中充斥的所谓理论或者指南，管理者自己信奉的理论和规律，都是五花八门。而且这些不同类别的体系之间几

[条] 即北京大学，后同。

乎没有多少交集。一盘散沙，杯盘狼藉。在美国如此，在中国也一样。把目光投向全球：如果哪个非洲国家的学者非要提倡一种马达加斯加学派管理理论，不知道大家做何感想？或者，在亚洲，尼泊尔也要搞有自己特色的管理学理论呢？

其实，也存在这样一种可能性，对于某些国别的实践而言，不一定该国的学者最有发言权。外部观察家可能更加客观和敏锐、专业和精准，能同时放大并增强对该国实践特性和共性的捕捉与展现。以所谓的汉学为例，有些外国汉学家对中国的了解可能比绝大多数的中国人都深刻。当然，某些华人对美国的理解也是可能比绝大多数的美国人还深刻。这种人，无论中西，都是凤毛麟角。有声音就够了，无须人多。在管理学界，对中国有这种了解程度的外国人几乎没有。大部分汉学家对中国只知皮毛，用西方逻辑解读中国，牵强附会。有些华人跟着这帮所谓的汉学家解释中国。皮毛大于实质。

在管理学领域，也会有一些华人，刻意用西方人能够听得懂或者喜好的方式去讲中国的故事，获得了西方人的认可，也加强了西方人的偏见。中国人一看，根本不是那回事儿。当然，更多的人仍然是用中国既有的手法以及中文受众习惯的接受方式讲中国的各类故事。浅析，刍议，商榷，构想，说开去。或许偶尔惊艳，但大多也是无限地低水平重复。当然，这里说的也包括在下本人！

能否采用一种现代化的研究手法、相对科学化的手法（科学不是西方人的专利),让我们实事求是地研究中国问题?这才是我们面临的实质性挑战。

如何客观深入地观察?

如何实质有效地捕捉?

如何全面系统地总结?

如何精准鲜活地呈现?

新中国成立 70 多年来的管理实践变迁与管理学演进[一]

新中国成立 70 多年来，中国经济筚路蓝缕、历经风霜，企业经营坚韧不懈、渐入辉煌。改革开放后，随着具有独立自主经营权之企业的不断涌现，与之相对应的企业管理学，发展也逐渐升温，初具模样。中国企业的管理实践为管理学研究提供了崭新的素材和肥沃的土壤。能否有效地助力中国企业的进步与提升，并以此为契机为全球当代商业文明做出独特而又值得尊敬的贡献，此乃中国管理学界以及全球所有对中国企业和情境感兴趣的管理学研究者共同面临的重大挑战。前路漫漫，任重道远。

1949 年中华人民共和国成立，我国的经济体系经历了翻天覆地的变化并取得了世人瞩目的成就。与之相伴，我国的各类企业（以及各个时期与之相对应的基本经济单元）自然地经历了职能的转换和地位的变迁。

改革开放之后，企业家和管理者的功用得以日益昭彰和凸显。与企业管理实践相对应的管理学领域（与管理学相关的研究、教学和人才培

[一] 本文曾以《新中国七十年：企业的变迁与管理学的演进》为题发表于《清华管理评论》2019 年第 10 期。此处有部分修正。

养）也不断地适时调整并逐渐地形成系统与规范。

面向未来，中国企业在日益复杂的国际竞争格局中将会面临更加严峻的挑战。这也对我们的管理学研究提出了新的要求，提供了新的发展契机。

有鉴于此，我在这里简要回顾新中国成立 70 多年来中国企业的变迁以及相关的管理学领域之演进历程，并对未来前景予以展望和构想。对于不同的历史时期，我将主要关注企业种类和职能的变迁、企业与政府的关系、企业家和管理者的职能，以及管理学的特点与作为。

1949～1978 年：计划经济时代的生产单位

1949 年中华人民共和国成立。在历经多年战乱之后，人心思治，百废待兴。发展经济、滋养民生被提到重要日程上来。接管各类遗留的产业，开展工商业的公私合营，加快基础设施建设，新建大型工业企业（包括苏联援建项目），集中力量发展军事工业（包括两弹一星以及诸多三线厂的建设），这些举措为日后中国经济的发展奠定了必要的基础。

自从公私合营之后，政府主导的计划经济全面展开。从 1953 年到 1980 年期间，国家的经济活动主要是通过前五个系统的五年计划来统领和治理的。严格地说，这个时期并不存在真正意义上的企业。在占绝对压倒性地位的公有经济体系内，基本的经济单元是所谓的生产厂或者车间，它们只是被动执行国民经济计划的基层单位，而不是具有经营职能的企业，不直接面向市场，不定价、无营销，也不自负盈亏。少量的集体经济和极少的个体经济乃是计划经济的补充。

此时对经济活动的管理，完全来自政府，具体而言是政府中主管经济的部门，比如国家计委[一]和经委[二]。所有相关的管理，都是所谓的"国民经济管理"。由各个部委直接管理的生产单位和相关的研究机构被称为"条条"，地方国营的单位和机构则主要是所谓的"块块"。各自分属不同的主管单位，井水不犯河水，通常没有沟通与协调，形成所谓的"条块分割"。

计划经济体系内基本没有企业家的存在必要与生存空间。作为厂长或车间主任，基本经济单位的管理者都是国民经济计划的基层执行者，没有具体的经营权和决策职能。经济单元社会化，意味着每个基层单位不仅要执行经济计划，而且要负责单位里面所有人的衣食住行以及教育和医疗。管理者不仅是经济活动的领头者，而且是满足社会需求的供给者和责任人。

由于受苏联教育体系的影响，1952年的全国高校院系调整在很大程度上弱化了通识教育，但同时加强了专业性分工。铁道、交通、地质、煤炭、纺织、邮电、医学、银行、供销等专门系科的院校和教育机构为相应行业的管理人才的培养和输送做出了一定的贡献，其专注点也主要是运营层面的和偏重技术领域的管理。

在经济活动方面的管理学研究与教学，则主要是与上述的国民经济

[一] 即原国家计划委员会。
[二] 即原国家经济委员会。

管理相关的宏观经济管理，而不是真正意义上的企业层面的管理。以中国人民大学为代表的财经院校中"国民经济计划综合平衡"专业乃是培养经济管理人才的摇篮。相应的还有更加细分的工业经济、农业经济、商业经济、劳动经济和财贸经济等专业。工业经济专业会略微关注相当于企业层面的经济单位的管理活动。

1978～1999 年：市场化改革中的企业

企业与企业家

1978 年，改革开放开始，逐步明晰和确立了社会主义市场经济的基本发展方向。计划逐渐松动，市场日趋活跃。从农村到城市，从流通到生产，从内销到外贸，从实体到金融，从实业到房地产，改革大戏轮番上演，涉及领域逐渐扩大。新一轮的经济发展开始启动，并迅速升温直至爆炸性增长。

始自农村的改革以联产承包责任制为突破点。包产到户提升了农民开展生产活动的积极性，也使得其生产活动从农业向其他领域渗透。以步鑫生、鲁冠球等为代表的农民乡镇企业家应运而生。城市边缘经济领域开始松动，以"傻子瓜子"为代表的新兴企业成为城市中私营经济的领头羊。

之后，承包租赁向城市中的国营生产领域扩散，企业开始自负盈亏。1984 年，以马胜利和张瑞敏为代表的新一代"厂长"型的准企业家开始受到大家的青睐和追捧。王石、柳传志、任正非也在大概同一时期创建了自己的企业。

同时，用市场换技术和换管理的思路以及相关的政策，促成了外资企业以合资经营的方式进入中国，以惠普和松下为代表的外资企业不断涌入。自此，国有企业、民营企业（私营企业）、外资企业共同存在，同台竞技。

1992年左右，以陈东升、田源、冯仑等为代表的新一代企业家正式启航。这些体制内的技术和管理精英下海，标志着大家对企业家角色的认可和欣赏。企业成了社会精英施展抱负与才华的全新的竞技场。

企业与政府的关系

再看企业与政府的关系。改革开放之初，国家的基本经济方针是开放搞活。1979年出台的八字方针是"调整、改革、整顿、提高"。1984年的十二届三中全会，正式确立了社会主义经济的定位，进一步赋予企业自主权，要求企业自负盈亏。之后，党委领导下的厂长负责制给企业带来了巨大的活力。

建立现代企业制度，乃是这一时期的重大成就。1998年，证券法出台，股份制企业正式合法化。按照厉以宁教授的说法，就是"产权清晰、权责明确、政企分开、管理科学"，对国有大中型企业实行规范的公司制改革，使企业成为适应市场的法人实体和竞争主体。也就是说，企业（尤其是公有制企业）的定位，从新中国成立后前30年的传统体制模式中的纯粹生产者（见图1-1），逐步转向改良的体制模式中的生产者和经营者，并最终迈向新型的企业模式中的独立经营的自负盈亏的企业角色。政府则退出了对经营与生产的直接管理，只在宏观层面负责管理整个国民经济，在微观企业层面则通过所有者的角色行使其股东权力。

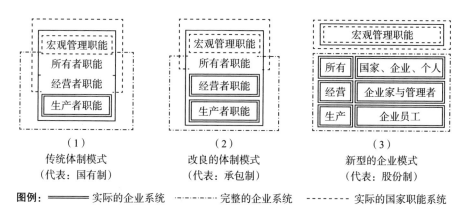

图 1-1 国家与企业关系模式图

资料来源：马浩，《社会主义市场经济运行机制探究》。北京工业学院学士论文，1987年6月。

管理学领域的发展

就管理学领域而言，总体来说，这一时期的理论贡献并没有多大。改革开放初期，与改革相关的理论贡献主要来自经济学家。以厉以宁教授为代表的经济学家对所有制改革的探讨和以吴敬琏等为代表的经济学家对价格改革（包括张维迎和华生等提倡的双轨制价格改革）的呼吁乃是当时学界的主流。张维迎也是在国内率先提倡企业家角色及其创新精神的学者。

20世纪80年代，与现代管理学相关的工作主要存在于工业经济领域。中国社会科学院（简称社科院）的马洪、周叔莲、蒋一苇等学者一直关注企业层面的研究。马洪主编的《外国经济管理名著丛书》乃是中国管理学界最早的学术普及著作，引领潮流，功不可没。社科院工业经济研究所孙耀君教授等学者对西方管理学与管理学说史的著作翻译和评介也是早期的典范。

朱嘉明和马建堂等在工业经济领域里的研究开启了现代产业组织经济学在中国的应用和检验。中国人民大学工业经济系的塞风与方甲教授同样对中国工业经济发展和企业管理的研究做出了重要贡献。邓荣霖教授和解培才教授等学者对于公司理论和企业管理理论的传播亦是贡献良多。

20世纪90年代，社科院的康荣平教授和柯银斌等对于企业多元化的研究，最为接近当代管理学主流研究的范式。清华大学刘冀生、中国人民大学徐二明、南京大学周三多、浙江大学项保华等学者，致力于战略管理的研究与传播。南京大学赵曙明教授对于组织行为学和人力资源的研究，以及西安交通大学席酉民教授关于和谐管理的研究，都是这一时期的较为具有代表性的成就。

同样在20世纪90年代，谭劲松（Justin Tan）教授和彭维刚（Mike W. Peng）教授关于中国企业战略管理的研究、陈昭全教授（Chao Chen）和忻榕（Katherine Xin）教授关于中国情境下组织行为的研究，乃是在国际主流管理学顶尖期刊上发表的最早期的有关中国企业管理的研究成果，具有开先河的典范意义。

中国的管理学教育在这20余年间也逐步走向正轨，臻于成熟。1980年成立的中国工业科技管理大连培训中心，由中国政府倡导，首次引入美国的管理学教授对中国企业的管理者进行现代化的管理培训。在中外联合办学方面，1984年成立的北京中欧管理中心（中欧管理学院的前身）

首办类似 MBA 教育的现代管理学教育。1985 年第一家中美合办大学——黄河大学在郑州成立，开办了全英文授课的经济管理研究生班。1998 年，北京大学中国经济研究中心与美国 26 所商学院联盟，共同创立首个中外合作办学的 MBA 项目——BiMBA。

20 世纪 80 年代，我国大学中（与企业层面的管理相关的）的管理系主要存在于两类院校，一类是工科院校（与运筹学、生产管理、技术经济、数量经济、管理信息系统等有着难以分割的联系），另一类是财经院校（与宏观经济、财贸金融、会计统计等学科紧密相关）。前者以哈尔滨工业大学、清华大学、北京理工大学、几所交通大学为代表，后者以中国人民大学、中央财政金融学院和对外经济贸易大学等为代表。⊖

中国 MBA 教育的元年则是 1991 年，国务院学位办批准 9 所大学首批开展 MBA 教育试点工作。无论是研究还是教学，在管理学领域主要还是传播西方管理学的理论和实践，并且试图在中国管理实践的情境下加以应用、验证和拓展。

1999 年至今：全球化背景下的中国力量

新经济的诱惑与陷阱

世纪之交，互联网席卷全球。新的技术潮流和通信方式全面而深入地改变着人们的生活、工作、学习和娱乐方式。这种改变，给中国的企业带来了前所未有的机会和启迪。以马化腾、丁磊等为代表的新一代企

⊖ 1984 年，北京对外贸易学院更名为对外经济贸易大学。1988 年，北京工业学院更名为北京理工大学。1996 年，中央财政金融学院更名为中央财经大学。

业家在新经济领域脱颖而出。以田溯宁、张朝阳、李彦宏为代表的海归派，回国在高科技领域大显身手。这些企业家和他们的企业不由分说地将我们的生活提速到互联网时代。

进入新的世纪，当初一统天下的门户网站和搜索业务逐步让位于各类电商、娱乐、社交和本地生活服务等所谓的垂直业务。点子、技术、资本、人才、流量，这些要素的融合使中国企业可以和全球的竞争对手几乎在同一条起跑线上起跑，一争高下。

毫无疑问，我们的人口规模和市场潜力可以给中国的新经济企业带来足够的受众以及尝试失败的底气。大家信奉的是：梦想还是要有的，万一成功了呢！在计划经济时代，企业（生产单位）不必自负盈亏，既没权利经营，也没责任赢利。改革的初衷，所谓的搞活企业，其中一个关键任务，就是使企业能够自负盈亏。谁能料想，自负盈亏的企业还没有扎扎实实地存在若干年，我们马上就滑向另外一端。

20余年间，中国的企业走过了发达国家企业上百年的历程，从专攻实业到主打金融，从单一业务到多元并行，从插件平台到生态系统，从闭环经营到共享共荣。所有品牌的汽车，几乎都在中国制造。我们的基础设施和硬件装备已经让很多发达国家顿足汗颜。我们在全球500强企业中的数量已经完全可以与美国比肩抗衡。

这些成就自然值得引以为傲。我们的企业及其员工和辛劳奋进的企业家亦是值得我们赞赏和尊敬的。然而，我们必须清醒地自省，认清我们与世界级企业的差距。我们的成就很大程度上靠的是我们的人口红利和市场规模。把全国各村的电网并到一起，国家电网自然就是世界级规模的企业。规模自然可以使我们有更多的创新空间与可能，但很多企业的优势（包括创新）并不一定总是与规模本身有关。我们必须思考和准备应对的问题是：规模红利之后，我们的企业究竟可以靠什么称雄于世？

在现代的经济生活中，市场、企业和政府都是不可或缺的要素。关键是，要力求给企业的管理者和员工足够的激励，让他们去创新、去进取，在国际赛场上立得住。计划经济时代的尝试已经证明，完全由政府直接经营的企业是没有活力的。市场化改革的经验也表明，虽然民营企业贡献卓著、不可或缺，其缺陷和漏洞也是必须防范的。

做企业的必须想清楚，政企关系是无法避开的。这一点，在任何体制和文化的国家中基本上都一样。说白了，任何上规模的企业都是"公共存在"，而不只是一己之私器。在关键时刻（比如发生战争和国际冲突时），都可能要受制于某个国家的利益或者其政府的诉求。而这些利益和诉求是会不断改变的，企业必须学会有效地应对和利用。抱怨和抗拒通常是没有实际意义的。

管理学的困惑和无奈

21世纪初的一段时间内，对外资企业的尊重，对西方管理制度以及与之多少相关的西方管理学理论的至少表面上的推崇依然存在，在改革开放之初建立的对外资企业的好感仍在弥漫。然而，随着中国企业于新世纪迅速崛起，大家的自豪感和骄傲指数激增。西方的管理理论有其局限性，根本解决不了中国企业的现实问题。西方的理论不能在中国落地。一时间，理论灰头土脸，研究百无是处。只有大师德鲁克一枝独秀，其理论被认为放之四海而皆准。

中国的管理学界倒没有那么快地与西方管理学界决裂，而是似乎距离更近。中国的管理学研究，对于中国的管理实践的影响更是微乎其微。应用中国的数据和案例，大多也只是借口，主要是为了学者自己的学术发表，与国际越来越接轨的发表。2004年，时任北京大学光华管理学院教职的许德音和周长辉对2003年发表在两份国内顶尖管理学期刊上的战略管理领域的文章进行了结构性分析。其结论认为这些研究的质量无法达到现代西方主流管理学研究的标准和要求。个人认为，这个结论的重点应该放在现代和主流，而不是西方。

至少在学术界，大家的感觉是日益与国际接轨。2019年8月仅从中国到美国管理学会宣读论文的作者（不包括在美国和其他国家的华人学者）就超过了500人。由曾任美国管理学会主席的全球著名华人管理学者徐淑英教授倡导主办的"中国管理研究国际学会"（IACMR），已经成为中国管理学者最大的学术平台。该会期刊《管理与组织评论》（*MOR*）以及由国内学者和美国华人学者合办的《管理学季刊》(*QJM*)，也在日益促进符合国际主流标准的与中国相关的管理学研究。假以时日，我们期待能有一些重要的收获与突破。

迄今为止，对于中国管理学具有直接借鉴和启发意义的研究结果仍然凤毛麟角。21世纪初，时任长江商学院教职的曾鸣教授曾经在英文媒体发表过基于中国企业（尤其是互联网企业）的研究，产生过一定的国际影响。曾鸣教授以及后来的陈威如、廖建文等学者积极入世，先后成为国内领先企业的首席战略官。同时，诸多的管理学教授深入企业，进行调研和咨询。通过这种方式，管理学者对中国企业的管理实践可能会有更加直接的贡献。陈春花教授长期近距离地追踪中国过去30余年间的领先企业，并且两度出任企业领军人物，亲自操刀管理实践。其实践观察以及感悟总结在很大程度上影响和助益了中国的管理学研究与相关的实践。

到底是以理论创新为出发点还是以指导管理实践为初衷，这个问题不仅困扰着中国管理学界，而且实际上横亘于所有国家的管理学界面前。全球最为主流的美国管理学界也不例外。学术自有其内在逻辑。管理毕竟是应用学科，不能自娱自乐，也不能信口胡说。没有足够的理论推演和证据检验，任何的管理智慧和大师箴言都只不过是尚待证伪的一己之见和道听途说之词。但这些东西美艳鲜活，容易得到受众的理解和欣赏，虽然不一定有用，甚或可能有副作用。

从最为悲观和无奈的角度来看，也许管理学对于企业管理的最终贡献，不在于提供直接有用的理论，而在于对未来管理者的培养。对学生灌输系统思维和批判精神，呈示基本的管理学逻辑和科研证据，帮助他们提升持续学习的能力，也许这些才会对其未来的管理绩效有所助益和启发。

瞻望未来

纵观中国企业在新中国成立 70 多年的变迁和管理学领域的相关演变，长路依旧漫漫，虽然成就亦是可圈可点。瞻望未来，我们必须客观地看待我们正在以及即将面临的严峻挑战。

日韩企业崛起的时代，国际市场全球化风生水起，大家基本上是包容甚至欢迎的态度。中国企业走出去参加国际大循环的早期，基本上还算顺风顺水。但随着中国经济的飞速发展和国力的日益强大，未来局势会如何演变？如何在新的全球竞争格局与政治气候下生存和发展，是中国企业必须学的功课，也是中国管理学界应该思考的问题。

首先，如何耐心细致地探究和理解现有的国际秩序，并以其他国家（尤其是对手企业的国家）可以理解和接受的方式进行经营与贸易，是我们的企业在全球范围内更上层楼所必须应对的具体问题。比如，如何尊重别人的知识产权，同时保护自己的知识产权？如何使中国企业在国外的运作更加契合当地的制度安排与社会习俗？如何吸引和激励更多的外国人才到中国来，在中国的企业中贡献与发展？

其次，我们也要不断地尝试主动影响和改变现有的国际秩序和管理规范，使其有利于中国企业的长期发展和全球的经济繁荣。比如，我们在建筑行业的制造优势和纯粹的规模以及全球化的足迹，是否可以帮助我们至少在新的技术和运作空间去影响并主导未来的产业标准以及管理规范？这是必须有主动意识和事前规划的。学术界与企业界合作的应用研究将会在这样的领域有所作为。

再次，基于打造长期持久竞争优势的考虑，我们需要不断提升自身的研发实力以及创造能力并最终提升核心技术能力。应该清醒地审视：我们到底有多少基础研究和技术创造的能力（比如在新材料和新产品方面）？有多少快速复制与再创造的能力（比如在游戏与无人机方面）？有多少技术替代和迭代的能力（比如在芯片与操作系统方面）？有多少整合现有多方技术的能力（比如在高铁和大飞机方面）？

最后，在所谓的新经济形态下，也许大家过分关注概念和资本的力量，关注布局和抢滩，关注经营上的闪转腾挪，抖搂生意人的聪明机灵，但忽视了管理内功本身的重要性。同时，扁平化的喧嚷和臆想代替不了制度化的管理流程和必要的阶层与集权。管理质量低下的企业不可能靠长期寻找风口浪尖而永续经营。流量和补贴很可能只是昙花一现。水落石出，一种好的商业模式必须由精细的管理和精干而敬业的人员来支撑。这是管理的逻辑与不可或缺的职能。

我们的企业不缺时髦，更不是不会赶时髦。相对缺少的是贡献和输出。我们最终要扪心自问：哪些由中国企业发明和生产的东西是全球范围内所有消费者不可或缺的？可以参照谷歌创始人之一佩奇曾经提出过的"牙刷准则"：哪些东西像牙刷一样，每个文明人每天都必须不假思索地用上一两次？能提供这类产品和服务的企业，是可以持续生存的企业。希望中国有越来越多这样的企业。希望中国管理学研究产生的知识也能这样家喻户晓、深入人心。

CHAPTER 2

第二章

管理学研究和管理实践的割裂与融合

THE
PARADOX
OF
MANAGEMENT
RESEARCH

大家通常鼓励并赞赏理论与实践相结合，推崇并提倡所谓的知行合一。纵观现实，理论与实践之分离远远大于结合，顶多也就是貌合神离。面对浩瀚无涯的学海以及复杂多变的现实，知，难以至精达全；行，难以游刃有余。知与行的常态大抵是难以合一。知，通常与不行合一：或是实践者知其难而不为之，或是研究者知其道而无意为之。行，往往与不知合一：或是无知者无畏，勇往直前，或是行者背后之知其实并不与此行相关。正是理论与实践分离的存在，大家才呼吁其结合；恰因知与行难以合一，众人更渴望其合一。假设分离及不合一乃是不幸的常态，也许大家皆应采取更加务实的态度，各自按照自己的逻辑践行自己的职业精神，提升自己的学习能力，并力求在此基础之上互相欣赏、互相激励、取长补短、各寻所需。

知行合一的悖论[一]

知行合一乃是一种广受推崇和倡导的理想境界，但对其具体的解读与践行却众说纷纭、莫衷一是。基于国际主流管理学学术社区有关知识与学习的相关文献之启发，可以对知行合一在现象与实质两个维度上进行定义，并考察知行合一作为一种悖论所充满的矛盾与张力。鉴于人之有限理性在学习、思考、认知和行为等方面的客观存在与真实表现，在通常情况下，知行合一其实既不可能亦无必要。在学徒时认真学习并构建持续学习的能力，在出师后的管理实践中不断增进学习能力，并在行动中进行思考与即兴发挥，此乃各类管理决策者所应表现的常态。

知行合一的理想

古今中外，所谓的知行合一大概是一种理想。大凡理想，通常都是费力不讨好的事情。如果理想通常都能实现，大概就已经不再是理想了。说得极端一点儿，如果是不断被重复地强调或者追捧却始终不能实现的

[一] 本文曾以《知行合一的悖论与张力》为题发表于《外国经济与管理》2018 年第 12 期。此处有部分修正。

理想，大多是空想，"乌托邦"而已。说起来貌似非常有道理、有意义，其实都是水中月、镜中花，是自我臆想并强加给他人的游戏。

虽然国内大多数人（无论学者与否）都极愿意尊崇和信奉知行合一这一理想，但细究起来，对于知行合一的不同定义与阐释，终将使大家在解读上各执一词、莫衷一是，在行动中诚惶诚恐、困惑不已。其实，中西方对此理想的侧重点和着力处既有相似之处亦有根本不同。本书将以现代管理学的视角来阐释知行合一之悖论及其背后的张力。

现象上的同时一体

从表象上而言，知行合一，强调的是知与行的同时为一，亦即时序上的不可分割。昔日圣贤王阳明首开心学，其所谓知行合一，既不是先知而后行，也不是由行而致知，而是知与行的同时互鉴以及共生共成。知中有行，行中有知。知则必然表现于行，不行则不谓真知。

从某种程度上说，这与现代社会心理学与组织心理学大家卡尔·威克（Karl Weick）的"思行合一"（act thinkingly）、"行中思与思中行""人通常不可脱离行动境况而凭空思考"等论述，可以说并列成章、遥相呼应。王阳明强调的是知与行的即时同一性。威克强调的是思与行的即时同一性。

致知，可以通过思考，也可以通过学习。因此，如果再加上这第三种相关的并列说辞，则有"学行合一"（action learning）的现象与想象，亦即学与行的即时同一性。在行动中学习，在学习中行动。其实，这三种相通而又不同的境界说的都是意念和思维（知、思、学）与行动的即时同一性。

实质上的全面知晓

从实质上来看，知行合一，还可能意味着实践者在行动之际对行动自身和背后方方面面的含义与道理的全面知晓。这就包括实际具体的行动：

1）与对行动本体之理解一致。

2）与对行动背后的道理之理解一致。

3）与行动所采取的方法论及运作机制一致。

4）与对行动价值和质量的评判标准的把握一致。

知行合一：一个工作定义

有了上述关于现象与实质两方面的描述，本文所界定的知行合一遵从如下工作定义：知行合一意味着知与行在时序上的即时统一以及行动者在行动之际对于行动本身意义与实践之道的全面知晓与驾驭。

不难看出，这个工作定义是上述现象与实质描述两方面的集合。其实，仅从现象上看，知、思、学，都是可以与行同时为一的。大多数人都能够做到将两者同时进行，在表象和时序上达到合一。中国俗语说得好，"骑驴看账本，走着瞧"。走和瞧，两不耽误。美国俗语调侃得也很地道，"你可以一边嚼口香糖一边走路而未摔倒"。

但就合一的内在质量而言，亦即知行在具体内容和道理上是否为一，却是难以确切地下定论。一个人可以边学习边行动，但仍然不知道自己在干什么。一个人可能在行动的同时努力地思考，但仍然动作变形，或者一事无成。一个人可能在行动中展现其知识，但其知识可能是完全的谬误。

正是因为有了对实质内容和质量的考察，我们才真正发现，知行合一，原来是一个理想。一个在大多数情况下对于大多数人而言可望而不可即的理想。当然，在先贤推崇知行合一的即时同一性的时候，其实也是存在很大误区的：只考虑了终极的理想状态，而没有考虑知与行不断互动中的交互领先与滞后，忽略了知与行之间天然的张力。

知行合一：理想与张力

信奉王阳明学说的近现代教育家陶文濬，先改名陶知行，后改名陶行知。终究还是认为行要在知前，由行而致真知。这本身就是知行合一在即时同一性上的一个反例。如果真的是知行合一，知、行便无法在语言表达上随意或随机地排出先后，最终的合法名称只有叫作陶合一才妥当。

这一反例实际上是承认了一种常态：知与行在哲学层面上可以合一，某些时候在时序上也可能即时合一，在某些场合甚至在内容和方法上也可以知行合一（比如庖丁解牛）。但在大多数情况下，对于大多数人而言，知行合一通常是不现实的，基本不可能。知与行在日常生活中注定会有时滞和差距，或曰缺口和缝隙。

虽然知行合一的诉求与实践可能减少这些时滞和差距,但新的时滞和差距仍将不断产生。而且,正是这些不断出现的时滞和差距,使我们不断地去努力和改进。理想的知行合一本身并不应该是我们追求的目标。在充满复杂性和不确定性的现实中,面对知与行之间必然存在的时滞和差距以及冲突和张力,力求平和自然地应对和临机处置才是尊重现实而又旨在改进的可行之路。

在我们强调理想状态本身的诱人之处时,现代西方学者则强调从现实出发,尽力去弥补知与行的差距。比如,2000 年,杰夫瑞·菲佛和罗伯特·萨顿出版了专著《知与行之间的差距》(*The Knowing-Doing Gap*)。他们认为,比无知与真知之间的差距更大而且更重要的是知与行之间的差距。很多企业的真知因为不能被编码并显性化而阻碍了自身对行动的影响。简单的结构、语言、概念和常识往往更利于激发行动,而大多数组织却是常常把简单的事情搞得过于复杂。"知行不合一"的现象随处可见,十分正常。行动导致失败,应该得到一定的宽容,因为很多的学习经验以及随之而来的知识皆是来自失败的行动。

知行合一的福地:稳定环境下的手艺和项目管理

知行合一的臆想,通常如刻舟求剑、郑人买履。需要行动的时候,本已知道的东西要么已忘却,要么无法及时地检索和提取,要么无法即兴对接和应用,要么所知之道已是废铜烂铁、明日黄花。知识的积累、储备、检索和应用,其即时性注定会受到多种因素的制约,比如环境不确定、组织很复杂、个人很迷茫。这些因素的变化越大、越快,知行合一的可能性通常相对越小。

常规的事情，也许可以做到知行合一。只有那些在相对稳定以及可以预知的环境下，或者在专业性很强的项目管理层面，或者在重复劳作的手艺人（craftsman）那里，我们才可能看到相对全面而精准的知行合一。

比如，在某些人宣扬的需要1万小时训练与实践才能熟练和胜任的行业，知行合一可能是有用的，甚至是值得提倡的。不能不知所云，不能瞎折腾。卖油翁有言："我亦无他，唯手熟尔。"在不断的实践中积累的行动导向的知识，可以使实践者屡试不爽。他们知道自己在干什么。庖丁解牛，如入化境，游刃有余。知其然，知其所以然。从心所欲不逾矩。手脑并用，按图索骥，顺藤摸瓜，水到渠成。

即使如此，知行合一也需要大量的实践积累和感悟提炼，而且前提是问题和对象基本不变。这对于企业管理，尤其是处理战略问题，基本上是难以想象的。我们倒是希望管理学像医学那样有基于事实的证据和知识。而现实中的医生也只是能治自己会治的病而已。即使在自己的手艺范围内，他们通常也是在猜测，而不可能次次都妙手回春、药到病除。

知与行的关系

知与行之间的桥梁：假说

到头来，包括医学在内，所有的知识创造和知识应用活动，基本上都是在猜，只是猜的程度和准确率不同罢了。真正前沿的知识产生与获取都是靠猜。猜得多了，就以为自己"知"了。可能真是暂时知了，但也可能需要通过行动应用该知识去解决的问题（或者去考察的对象）早已经变了。

当你认为自己精通战略的时候，基本上已经走向了僵化和固化的误区。其实，知道得越多，越是知道自己的无知，此乃常态。于是战战兢兢、如履薄冰，还算些微有知。越是认为自己知道很多，其实越是无知且危险。对待知识，要永远有敬畏之心。假说与猜测，既不是一蹴而就的，也不是一劳永逸的，需要长期不断地持续践行。

知与不行合一

对于复杂性和不确定性很高的行业或者决策情境，知行合一可能很困难，甚至不可能。至于行动，尤其是事后被证明成功的行动，其起源和驱动力往往是事前的无知。无知者无畏。或许这样才有在行动中求知改进从而终于把事情办成的激励与冲动。如果事前都想清楚了，基本上都住手驻足了。为什么呢？

第一，明确地意识到自己根本看不懂问题，于是无从下手，迈不出第一步。第二，明确地知道某些事情肯定干不成，下手也是白搭工夫，于是完全没有行动。第三，清楚地知道自己能干某些事情，但重复自己已经知道并且会干的事情提不起行动的兴趣，觉得没有刺激和挑战。第四，清楚地意识到某些事情根本不值得干，干成了也没什么意思和成就感。从这个意义上讲，是因知而不行。"知与不行合一"可能更有道理。

睿智的行动，靠的是有目的、有悟性的摸索探寻和渐进的纠偏试错，尤其是在高度复杂和不确定的环境下。知道，通常是在事后。这几乎是铁律。自己要有悟性与洞察，同时要有选择地利用外脑和现成的知识与常识。强调一下，面对复杂性和不确定性，你通常无法预知会发生什么，也无须想着如何知行合一。只要干起来并在行动中不断思考和即兴发挥就行。

常言说，"人之将死，其言也善"，其言亦趋真。因为对这样的人来说，样本都齐了，根本不用再去取样了，整个一生的数据（全集的、全息的大数据）都齐了。他可以下他所知的结论了，无论对错真假，那是他知道的结论或者信奉的他人已然总结出来的某种结论。问题是，已经没有行动的可能了。没有明天了。如果行动的可能依然存在，一个人的认知和知识连他自己也会觉得没有齐全，还有继续学习和调整的可能。

知之不知而欲知，是知也。知后欲行，才有知行合一的可能。终其一生，即使有意识地追求和践行知行合一，知行合一之旅亦不可穷尽。这便是知行合一的悖论。

知识与学习求知皆不可完备

在分析单元和具体层次上，所谓的知，可以是所拥有的知识本身，也可以是求知或者思考与学习的过程，还可以是对于行动的审视与反思以及意义赋予（sense-making）。如此，对于知与求知的考察，不仅要专注于对知识本身的获取，而且要聚焦于学习能力和过程以及知识结构的改善与调整。

实际上，知识本身通常是不完备的。一个人获取的外在的知识，可能跟自身已经是不完备的那项知识还有某些差距，于是更加不完备。不仅如此，人们获取知识的学习能力和习惯的学习过程本身也是不完备的。心理学讲的所谓的偏见、误区和陷阱等便是人们在认知上和学习上的各种漏洞。

你以为你知道你所知道的，而且你认为所知道的是真实的甚或一成不变的，但其实，你知道的只是只鳞片爪。

在组织决策领域，利文索尔（Levinthal）和马奇（1993）在谈及所谓的"学习短视症"（myopia of learning）⊖时指出，组织学习容易忽略时空遥远的事情以及失败的情形。从经验学习而致知是不甚可靠的。但即使如此，二者认为，组织学习仍是有益处的，但要降低对学习成效和"知"的预期。这是对待知的平和而真实的态度。此言此态，来自与赫伯特·西蒙（Herbert Simon）教授一起致力于推进"有限理性"学说的马奇教授，一点都不奇怪。

因此，无论把"知"定义成已知的知识还是正在进行的求知过程，"知"都是不完备的。这是知与行不可能完全合一的决定因素之一。毕竟，人类知识的积累和传播是有局限的。即使如此，通过教育和传播，知识可能帮助很多人少犯错误、少走弯路。但一般性知识很难帮助某个

⊖ Levinthal D A, March J G. 1993. The Myopia of Learning. *Strategic Management Journal*. 14 (S2): 95-112.

个体成功地行动或者说有效地行动。一个人自己总结的知识，除非他是拓展整个人类知识边界的爱因斯坦一样的人，否则通常是弱于人类集体智慧结晶的。于是，往往更不可靠。

另外，如果要尽力保持知行合一，也就意味着需要一个在学习与积累的同时主动地摒弃某些已经过时的知识之"去学习化"（unlearning）过程，以及不断的"再学习"（relearning）过程。学习与知识本身是不完善的。即将获取的知识也是不完善的。原来有用的知识也会过时。这也是知行合一是一种充满张力之悖论的重要理由。

知与行的主体

研究者作为知的主体

笼统的知行合一的说法，通常不关注知识与求知以及知识产生与知识运用的区别，尤其是知与行的具体主体的界定。王阳明强调的完全用自己的内心去感知世界的做法显然是不适用于一般人的。大部分人的知识是从别人那里得来的，是别人通过格物致知或者内心感觉得来的。因此，知识的原创者和实际的行动者往往是不同的主体。此时，知行合一的关键在于：那些非知识创造者能否用从别人（研究者与观察者）那里获得的知识指导自己的行动，或者使之与自己的行动匹配、契合。

文化人类学家珍妮·古道尔（Jane Goodall）研究大猩猩，与它们同吃、同住、同劳动，可以构建大猩猩如何生活和如何解决问题的理论。但对于大猩猩来说，这些理论是别人的，估计它们无法了解。因此，此类既有知识，即使非常有用，也难以与需要它们的实践者相遇，难以与实践者的行动结合。在很多情况下，管理者跟大猩猩其实没有太大区别。他们往往没有时间和兴趣，也可能没有渠道去精准地获取此类对他们之行动有用的知识。如前所述，知识创造的主体和知识使用的主体是不一致的。

管理者中比较聪明的，可能有时间、兴趣、能力和方法去学习这些理论。比如，向学术界、咨询公司或者其他外脑学习，在实践中应用，在行动中体味，从而改进自己的知与行。研究者或者观察者的靠谱儿的关于管理问题的解决方法和处理机制的理论，其管理含义不辨自明。这种理论，也是管理实践者最需要的理论。但这种理论的判定和鉴赏成本以及获取成本都相对高昂。这也是知行难以合一的另外一个重要原因。

大部分的理论都不是揭示机制的真正的理论，而是告诉你应该如何去开发相关的理论，在观察大猩猩和开发理论时应该注意什么。相关论文的题目通常是"走向××""从×××说开去""×××研究的注意事项""一定要×××"等。这些都是外围的畅想和说辞，不是真正的理论，是"关于理论"的理论。这是给理论制造者用的理论。而理论制造者在制造理论时通常也不用这些理论。理论制造者自己也很难知行合一。如果理论制造者真的能够知行合一地去制造理论，就根本不用他人去强调和重复这些主要是说教但谁也没有真正跟从的理论。

换一个角度来看，上述关于大猩猩的理论可以为其他主体所用。这时，理论可为研究对象之外的第三方主体提供有用的手段和帮助。比如，给饲养员讲大猩猩的习性特点以及如何喂养、保护和激励等。但这种理论对大猩猩本身也没大用。它们自己不会推动动物保护学会去为它们奔走代言，而有些人和组织却会为其代言。当事者迷，好事者清。

行动者作为知与行的主体

除了从别人那里获取知识，行动者可以从自己的实践中获取和总结知识。许多著名的管理实践者本身也是著名的管理学家，比如法约尔和巴纳德。但他们的理论基本上是在退休之后整理的。而且，在总结和梳理这些理论时，他们都没有再与行动结合。他们的理论甚至没有完全反映他们在自己退休前的实践中的行动，而是很可能着力强调了行动中的某些痛处，甚至他们自己都没有达到或者基本上达不到的理想境界。因此，这些来自实践者的理论，或所谓的知，并不一定是他们自己知行合一的见证，也不一定是可以与行合一的知，不过是一种事后的感叹和期许而已。

在文献中，有实际在用的理论和纸上归结的理论之分（Argyris, 1976）。[一]前者解释人们实际在使用的理论，也许他们自己都没有真正地意识到，可以是常说的隐性知识。后者是他们在被问及时所诉诸的被外化和升华了的理论，自认为自己信奉的、可以写在纸上摆在桌面上的理论，可能就是大家似乎都信奉的而且可以随时脱口而出的说辞，比如产

[一] Argyris C. 1976. Single-loop and double-loop models in research on decision making. *Administrative Science Quarterly*. 363-75.

业链、好品质。在实际在用的理论层面，根据定义，知与行其实是合一的。在纸上归结的理论层面，知是很难（甚或不可能）与行合一的。

凡知者，多智者。智者，聪明人也。聪明人最大的硬伤，从行而言，就是看不起芸芸众生或不聪明的人。而在成事的过程中，执行者靠的正是后者。能把这一点看透而且放下身段跟不聪明的人一起装傻，那是大智慧，也许是知行合一的典范。但这是离散点里的离散点，小概率事件中的小概率事件。不值得强调和倡导，而且强调和倡导也没有用。他们通常都无法复制自己，遑论他人。

知与行各自独立存在的价值

至少在有些情况下，知与行是两回事儿，各自有独立存在的价值和意义。作为学问的理论与求知过程以及作为行动的社会实践是两回事儿，尤其是社会科学。学术有学术的逻辑，实践有实践的规矩。彭维刚喜好用奥运精神来形容学术的价值。跑得再快，也比不上汽车、飞机，费那功夫干啥？也没有狮子和狼一天到晚要追你。更快，更高，更强，挑战人类运动极限。此乃奥运精神和其自身意义。

同样，学术研究中某些看似无谓的基础性研究，就是挑战人类思维极限和学习极限。求真，求美，也求善。这本身就是目的。管理学的知识，并非一定马上就要直接有用。它们涉及的有很多是基本的道理以及管理决策者在基本功方面的问题。学的是思路和方法，而不是周一早上干什么，或如何应用"××五步法"。对于要解决的实际问题而言，理论可能永远滞后，通常乃是事后之总结。

企业家和管理者不一定非得需要管理学研究得出的理论。行动就是折腾。知不知，不是你想控制就控制的、想达到就达到的。有悟性和学习能力的，从任何地方都可能获得营养。在实践中也可以自己求知致知。这并不是说商学院和管理学对他们是没有用的，只是管理学的知识和智慧通常不可能直接帮助他们解决问题，但可以启发心智、激活思路。

最重要的是，对于大部分管理者而言，在世界观形成和打基础的阶段（比如大学时代）的学习至关重要。商学院就是给未来企业家和管理者打基础的，是提升学习能力的，也就是构建未来持续充电能力的。不要单方面地指望在学校能充电。你首先得有充电能力。有充电能力，满世界都是充电桩。当然，这种学习与充电能力也可以在岗获得，在实践中不断增进。

总之，理论不一定指导实践，理论有自己存在的空间和逻辑。实践也不是为了检验理论而存在，而是有自身的实际目的。二者偶尔成功结合，不是常态，而是奇迹。

知与行在宏观上的关系

日韩经济腾飞，其企业游走世界，除了当年的 Z 理论，基本上没看到与之相关的多少理论。它们的腾飞，主要在于不断地摸索和实践，没哪种具体理论支撑，也没去商学院问问谁。商学院在日本根本就没有真正时兴过。相反，奥地利学派的学术从经济学到管理学影响广泛，靠的其实就是几个天才的大脑。他们的学术成就跟其国家的经济发展和国际地位与情形基本上没关系。

也就是说，学术的精良和实践的热闹似乎没有必然联系。美国的印度学者那么多，哈佛商学院至少有三位院长是印度人。没见印度学者跟印度企业有多少知行合一。哈佛商学院的学术研究绝对前沿，而且主要针对的都是真实世界的真实问题。但其 MBA 教学主要靠案例，涉及的大多都是时髦和潮流，基本上没有多少理论讲授与传承。

20 世纪 90 年代，《商业周刊》采访哈佛商学院的 MBA 学生，问他们学习两年最大的感受是什么。一个具有代表性的回答是："读过很多日本企业案例，基本结论就是，不管我们做什么，日本人都比我们做得好！"现在再去问同样的问题，估计回答基本是："不管我们做什么，中国人都比我们做得便宜。"现在哈佛商学院案例库中的中国案例至少有数百份！影响大得很。有中国模式吗？有公认的中国式企业管理理论吗？需要有关中国企业的管理理论吗？给谁看？谁用？能否用？答案其实是不确定的。

要知道，实践本身就是一种学习、一种尝试、一种摸索、一种改进，亦是一种生活方式。可诉诸行动之学习成果（actionable learning）可能是更有意义的说法。关键在于行，而不在于行是否合知。

学而不思则罔，思而不学则殆。这种哲学上无懈可击的说辞，其实荒谬。在实践上更是没有多大意义。真学的不可能不思，真思的本身就是在学。其实，大部分人既不学也不思，这是常态，呼吁也没用。萧伯纳说，2% 的人思考，3% 的人认为自己在思考，95% 的人宁死也不思考。话说回来，如果王阳明所说的正确，一个人靠自己的心性感悟就能致知，那么他已经知行合一了。根本不用倡导。他的行合他的知。

管理知识创造者的启示

不妨举两个管理知识创造者的例子,来看知行合一的理想化。一个是学界典范,一个是咨询大师。说到马奇和德鲁克,两者共同的惊人之处,是浪漫主义。德鲁克自20世纪40年代在通用汽车做调研和咨询后就基本上再也没有进过企业,靠的完全是自己的观察和思考。他读的很多东西也是记者道听途说的东西,有很多谎言和纰漏。重要的是,他每五年通读一遍莎士比亚的著作。试想,他会倡导知行合一吗?从他自己的著作来看,德鲁克认为管理主要是实践,他强调的是行动和结果。

马奇呢?虽然在学术上他强调知,强调探索与挖掘,他对学术的评价,也只是看学问本身是否可靠、精美,品位是否地道。管理含义,你自己琢磨吧。他一直持有的观点,就是从经验去学习基本上是不可靠的,但即使如此,你还是要去学。即使是决策的垃圾桶模型(garbage can model),也不是全无章法,而是可能有潜在的可知的路数。

因此,马奇虽然貌似不关心实践,但实际上是更为务实的。他与西蒙从有限理性学说一路下来的工作都是实事求是的。这是卡内基学派行为决策研究的真谛。他们不从理想状态出发。因此,马奇本人肯定不会去倡导知行合一,虽然他不一定直接反对。他推崇的,是堂吉诃德那样的愚蠢。

无论是西蒙和马奇抑或卡尔·威克那样的学者,还是德鲁克与明茨伯这样的大师,研究管理的,其基本假设就是人是愚蠢的,没有想象的那么聪明。世界是复杂的,难以预知。需要渐进摸索,在黑暗中摸索,在错误中学习。这是常态。

如前所说，如果你是从事日常经营和项目管理的（包括稳定行业和有章法的职业中的手艺人），没得说，你必须知行合一。但对于必须应对复杂世事的战略决策者而言，甚至对普通人而言，知行合一几乎不可能，也没必要。勉强而为，徒增烦恼。

知行合一：进一步研究的思考

前面提到，所谓理论，有的是针对解决问题的理论，有的是"关于理论"的理论。不分青红皂白地鼓吹和倡导知行合一，就是所谓"关于理论"的理论说教。跟各类小报上的"秋冬进补好处多"之类的说教一个路数。不过，至少，人家还让你秋冬进补，没让你夏天主动上火。让人随时随地甚至一辈子追求知行合一，可能于事无补，甚至有害无益。

作为学术研究的话题，也许我们应该仔细想一想，知行合一，其具体的假设前提和边界条件到底是什么？其具体的实现机制和形态类别究竟有哪些？而不是非常慷慨而自信地将它当作一种所谓的"普适价值"（universal value belief）来而宣扬。

也许，我的立意和陈述离经叛道，但至少还是基于国际主流管理学社区的相关文献与思考的。作为一个并不刻意标新立异但肯定不同于常规的论述，此处，也不再做任何重复性的总结与强调。让我以一些需要进一步思考的问题来结尾。

知行合一的定义到底是什么？

知行合一如何测度？知与行之间的差距在多大范围之内算是合一？

知行合一有哪些主要实现机制与形态类别？

知行合一如保持何动态平衡？知行合一如何改变和更新？决定因素是什么？

什么情况下"行"先突破？什么时候"知"先出现？

什么人在什么情况下适合并可能知行合一？

什么时候知行合一完全不可能？

什么时候知行合一于事无补？

什么时候企图达成知行合一可能有害无利？

类似的问题可以提出很多。这些都不一定是伪命题或者不好的实践。

"学而优则仕"的行动取向

在古代文官治国的时代，管理者自然亦是学者或曰读书人。按道理说，学习与实践应该是相通的。对于怀揣治国方略的兴邦宏才，国家治理乃是能够使之践行所学的上佳场景。然而，曾几何时，大家有所诟病"学而优则仕"。是否学人都必须从政？是否学人之所学还有其他用途，比如进行科学与技术研究？如果没有从政之外的用处，学成而不从政岂不是学用分离、理论和实践割裂？到底是应该拓展学人所学之领域，还是一味地贬抑"学而优则仕"？最终，能否学有所用、学用结合？这是大问题。

纵观中国历史，中央集权乃是主要治国机制。自隋唐科举制度以降，"学而优则仕"的观念与行为一直延续至今，更是强化了所谓官本位的主导模式。江山代有才人出，风骚耗尽争为官。历朝历代，中国最聪明的头脑与有志之士往往不可抑制地要参与官场仕途的游戏。

挺身而出，为天下，为功名；身不由己，昏噩噩，心戚戚。升迁及问责，倾轧与挣扎，逢迎与震慑，利诱与威逼。宠辱无常，悲喜交替，乐此不疲，甘之如饴。行尸走肉，未老先衰。烈士暮年，壮心不已。官场，主宰着国中的一切领域。仕途，承载了很多国人所有的寄托。

古人认为，万般皆下品，唯有读书高。还认为，书中自有颜如玉，书中自有黄金屋。当然，前提是，通过读书而中举为官。可以说，当官可以解决人生抱负与家族荣耀的一切问题。当官的唯一可靠途径就是读书中举。而所读之书，皆是圣贤文章、经史子集、人治真经、纲常伦理。

如此这般，社会游戏的单一性在很大程度上导致了最聪明的头脑热衷于官场仕途，对其他社会和生产活动逐渐丧失兴趣，从而缺乏在这些领域内足够的专注和持续的努力。尤其是对那些创造性的活动，比如从事科学探究与推动技术进步，鲜有问津者。百工匠人偶尔走运，也多是自然应景之需，比如建坝筑堤。

说到这里，又会有人痛心疾首地批判所谓的应试教育和八股文章。我曾经撰文指出，应试教育无可厚非，关键是考试的内容是否靠谱儿，是否贴近所选人才需要应对的核心任务和常态环境。应试教育就是目标管理。需要什么，就考试什么，应试者自然会调整自己与之相适应。应试教育是人才选拔的合理机制。

在中国经济和社会发展基本上自给自足，未受到比自己科技更加发达的竞争对手的威胁之前，对人的管控，乃是政府的主要挑战。与管人和社会治理无关的事体，包括那些科技问题，大抵是不会进入科举考试的范畴的。没必要呀。这太正常了！

不考试的东西，为什么玩儿命去探究？那肯定是在饱暖问题解决之后的事体呀。学者（俗称文人）当然是要浸淫于道德文章、诗词歌赋了。在下认为，在史上大多数情况下，科举制度的作用以及它选拔出来的人才是适合政府管理需要的。

没有专门研究过所谓的李约瑟难题，但我的直觉告诉我，李约瑟难题没有什么意义。随着经济的发展，中国的科学技术将会不断地进步。有了足够的量的积累，就注定会有质的突破，会产生世界领先的贡献。早晚的事儿。我们倒是要问为什么欧洲没有出现类似唐诗宋词那样的艺术成就。当然，人家有文艺复兴。

一个时代解决一个时代的问题。急不得，跳不过去。在我们的文明和生活方式被西方的船坚炮利无情地蹂躏之后，我们的人才选拔制度与标准和官本位的人才构成本身在不断改进。否则，哪会有洋务运动？

现今的"科举"制度已然与时俱进，原来不在统考范围内的科技和创新现在已经是必考题目了。如果应试教育是我们的特长，考 TOEFL、GRE、GMAT 不是问题，考现代科技与创新也不是问题。给个考试范围，我们就能搞定。如果我们一直考得好，将来就有资格出题、判卷子、考别人。就是这么简单的道理。

如果现在中国的大学和研究生教育考试的内容真的是逐渐贴近在现代社会中（全球社区和统一的经济体系中）生存和成功所必须应对的任务与环境，那么我们的人才培养就不会有大问题。不用过于着急。至少下面两个推论基本可以成立。第一，官本位没有问题。第二，"学而优则仕"没有问题。

官本位的宿命

首先，如果中国一贯是官本位，那么成败盛衰恐怕皆可归因于官本位。不能只看官本位失效的领域和阶段。如果官僚体系能够将自己的主要任务与未来潮流对接，官本位会增进社会治理的有效性以及效率。

其次，从日常技术操作角度来看，延续官本位，保证了政府地位和角色的稳定性与延续性。都说蔡元培时代的北京大学兼容并包，但很少有人意识到蔡元培曾于民国时期任教育总长。如果北京大学的若干学生、教授、管理者每天跟他对着干，你看他包容谁？！

蔡校长有权解聘任何教授。这是绝对的官本位权威，不是大家想象的教授治校。我更倾向于认为，位高权重的蔡校长碰巧是一个人品高尚、眼界宽广的学官。他在独特的标准之下，招纳了一批他个人认为靠谱的教授。

再次，也许，在各种所谓普遍价值的鼓噪下，大家忘却了一个根本的事实：在当今国际社区，一个主权国家的政府必须有权威并有能力及时应对来自国家内外的所有突发事件。官本位的国家在动员社会力量和迅速集结资源采取行动方面有着天然的优势。政府需要有反应能力。

最后，随着其他领域的发展与开放，人才将会自然地流向那些领域。长期而言，官本位自然会弱化，但不一定会被替代。

"学而优则仕"何妨

首先,"学而优则仕"是一个法定的人才遴选方式,相对客观公正。这是制度化的人才流动机制和上升通道。给各种背景的人士一个公开竞争上岗的机会,有利于社会效率与公正的平衡。

其次,"学而优则仕"是官本位的实现和强化机制,也是在官本位体制下个体实现自己所有抱负的相对比较可靠的捷径。它能吸引那些符合现代社会需要的人才进入政府。

在官本位体制下,通过当官可以解决问题、得到实惠。但当官也有风险(比如不能升迁、遭遇倾轧、撤职惩罚),而且会有失去在其他行业施展才能而产生的机会成本等。

再次,政府当然需要"学而优则仕"!难道我们想看到"学而劣则仕"抑或"不学而仕"吗?!有人会说,在发达国家,最优秀的人才可能治学、经商、从事社会活动,而不是去政府工作。然而,这并不意味着去政府工作的人都是"学而不优"的人。

相反,除非军政府,世界各国,从美国到非洲小国,无论其大小和发达程度如何,政府中的人才通常都是学而足够优的。我们应该真心地希望看到我们这里当官的是学而优的,而不是草包。

最后,大家对"学而优则仕"的诟病也许主要在于其虹吸效应:政府把大批的精英人士(学而优者)纳入囊中,一来可能并没有使其发挥作用,二来造成了其他领域的人才短缺。给定现代社会的多元化,这种担心越来越没有必要。比如，作为学者，我个人曾经最痛恨的可能就是博士毕业不做学术研究，不去找教职，而是去企业或政府机构——博士不做研究是浪费教育资源。其实，想开了，就好了。现在的博士很多，至少跟20世纪90年代的大学生一样，可能录取率还要更高一些。希望他们都真心献身科研是不切合实际的。与其让他们重复低水平劳动，被迫地发些烂文章，还不如让这些头脑清楚并训练有素的青年才俊去企业或政府，学有所用。

在美国，连基辛格那样聪明的人物，哈佛大学政府系的博士，其理论研究成果都被认为是 derivative（派生的而不是原创的），有多少人真正能做出原创性的贡献呢？！当然，在学术上比基辛格更强的学者仍然会从政。可以说，美国"学而优则仕"的人士数不胜数，从内阁官员与幕僚到总统助理与顾问。

顶尖的学术研究，其实用不了那么多人。硬塞那么多人也不一定就会有高精尖的成果。不要担心"学而优则仕"夺取了其他领域的人才资源。现在的社会已经逐渐多元化。个体实现自己抱负的途径很多，包括出国。这是过去官本位时代没有的选择。

"学而优则仕"没问题。当然，我们也需要更多的"学而优则×"。总之，前提是学而优，而不是学而劣。

问题的关键是学而优的人既在某个本位上，也在其他位置上。

智力严整与实事求是

事实判断和价值判断是两回事。实际存在的现象和事实纷繁复杂，而且通常不会因为各种人内心想象的"应该"的状态和标准而改变。原本地看世界，看世界实际存在的模样，而不是想象中"本来"应该是的模样，这是管理者（尤其是一把手）必备的基本功。同样，我们也要审慎地看待研究者所炮制出来的所谓理论，看看它们到底是基于对现实的真实捕捉，还是人云亦云的理想化臆想。

领导力研究的文献总是充满了玫瑰般的绚烂色彩，鼓吹想象中的高大上和仁义礼智信勇严。而实际的领导力则是基于对现实的冷峻思考与笃实践行，通常面对的是腥风血雨、剑拔弩张，需要的是忍辱负重、执意担当，有时孤军奋战、灰头土脸。

20世纪末，德鲁克曾经在不同的场合夸赞过美国的两位一把手：美国第33任总统哈里·杜鲁门和通用电气第八代掌门人杰克·韦尔奇。夸赞的焦点是一个组织机构的一把手应该具备的特质：智力严整（intellectual integrity），实事求是地看世界，认清真实世界之原本状态，而不是自己希望它是的状态。

对于一个组织的最高决策者，智力严整注定意味着认清组织最重要的问题，并以组织的利益为一切决策的准绳。同时，它也意味着自己既需要别人帮忙，又必须对最终决策担负全部责任。杜鲁门总统在白宫的办公桌上有一个小牌子，上面写着他的座右铭：责无旁贷（The buck stops here）。

不妨看一下杜鲁门的一生剪影。1884年生于密苏里州。年轻时想上西点军校，视力糟糕，根本不被允许报名。后来参加密苏里州国防自卫队，第一次测视力不达标，第二次硬是把视力表给背了下来，通过了。1918年第一次世界大战（简称一战）后期，杜鲁门作为美军上尉在法国战场与德军交锋。某次，杜鲁门发现德军正在部署炮兵准备攻击美军某部，而该部并不属于杜鲁门所在部队需要保护的范围，但他还是自作主张巧妙地歼灭了德军的炮兵力量，并因此遭到降职处分。直到一战结束，杜鲁门所在的炮兵连，在其指挥下无一战亡。后来当选美国参议员，可杜鲁门一直保持其预备军人的身份至20世纪40年代早期。二战爆发后，他再次请缨，但由于年龄太大，没有获批。

1941年，在希特勒入侵苏联一周之后，身为参议员的杜鲁门如此声称：如果我们看到的是德国要赢，我们则应该支持苏联，而如果我们看到的是苏联要赢，那么我们应该支持德国，虽然我在任何情况下都不希望看到希特勒最终取胜。

1944年，富兰克林·罗斯福总统提名杜鲁门为副总统候选人，二人竞选获胜。1945年4月12日，罗斯福连任总统82天后病逝，杜鲁门随即走马上任，成为美国第 33 任总统。杜鲁门在接到罗斯福夫人电话，得知罗斯福去世时问道：夫人，有什么需要帮助的吗？罗斯福夫人说：现在你才是麻烦缠身而最需要帮助的人。

这位新总统上任时保留了罗斯福的所有内阁成员。但他也明确表示：这儿我说了算！杜鲁门在当副总统时基本上什么都不知道，什么也不管。就连一直在执行的曼哈顿计划，杜鲁门也是在当了总统之后才知道的，而据说斯大林通过间谍早已知道。

可见，从某种意义上说，美国总统是世界上最大的独裁者。小黑匣子跟着他们走。可以倾情鼓吹民选，这个那个，如此这般。然而，不管在任何制度和体制下，在执行层面负最终责任的人只能依靠自己的判断，并为之负责。如果这个人有精神病或者骨子里是个混蛋，谁也没办法制衡。

杜鲁门原先是不知道曼哈顿计划，知道了就毫不犹豫地"批准"使用原子弹。1945 年 8 月 6 日，人类第一次核武器应用定位在日本广岛；9 日，第二颗原子弹爆炸于长崎。同时，苏联对日本宣战。日本在 1945 年 8 月 15 日宣布投降。军方支持杜鲁门的人预测，如果进入日本本土决战，美军至少要伤亡 25 万至 50 万人。日方也会有数十万人的伤亡。二战至少要再持续一年。

1949 年，杜鲁门连任总统，并非一帆风顺。1948 年竞选时，很多人更看好的是共和党候选人杜威。最后，即使杜鲁门成功当选，也拦不住第二天早上某芝加哥报社提前印好的报纸问世，宣称杜威已击败杜鲁门。

杜鲁门治下，美国支持成立联合国，开启马歇尔计划，与苏联共同引领世界进入冷战时期。杜鲁门坚决地敦促联合国"干预"朝鲜战争。而在朝鲜战争进入僵局之后，为了避免"与苏联的大面积直接冲突"，杜鲁门拒绝了麦克阿瑟继续深入、轰炸鸭绿江以北以切断中国军需供给的方案。麦克阿瑟以为自己是一把手，要把战争进行到底。最后遭遇的是被杜鲁门无情地撤职。一把手要让所有人知道，谁是一把手。这不仅是个人权威，而且是国家尊严和组织利益。美国民众出于对国家英雄麦克阿瑟的崇拜，并不买杜鲁门的账。杜鲁门的支持率直线下降，1952年的22%支持率是历史记载的当代所有总统支持率的最低点。但杜鲁门可能不怎么在乎。

1950年，有位报社的记者在报道杜鲁门的女儿玛格丽特的演唱会时言辞犀利。杜鲁门直接写信和该记者说："如果我们哪天见面，我一定把你揍得鼻青脸肿。"

这家伙还有一点深受德鲁克喜欢。他在白宫邮寄私人信件时，贴的都是自己买的邮票。

百年老店的辉煌与尴尬

向百年老店学习企业管理，主要学的不是其具体的某种做法，而是其做法背后的道理，及其与时俱进的姿态和基于传统的传承。悖论在于，失败本身可能源自早先的成功。进一步而言，反向思之，另外一种替代性解释也可能同时成立，那就是，百年老店的百年辉煌背后也许存在一种跨时代与跨周期的一般性和基础性的成功秘诀，而当今某些百年老店遭遇的挫折（也许它们会滑向最终的失败）恰恰是因为它们如今与这些秘诀背道而驰，因此反而从反面印证了成功秘诀的有效性。管理学研究所捕捉到的也许并不是这种一般性和基础性的成功秘诀，而通常只是具体时空情境下对当时成功有贡献的某些要素。

2018年6月中旬，百年老店通用电气被剔出了道琼斯指数。此前，通用电气乃是1896年道琼斯指数30家企业首秀榜上硕果仅存的企业。在几次短暂离榜又入榜之后，自1907年至2018年的111年内，通用电气一直是道琼斯指数的30家企业之一。而取代它的，是杂货和药品零售连锁店Walgreens。年头改了？制造业真的完了？工业时代谢幕了吗？也许。但波音和3M还戳在那儿呢。不是还有德国工业4.0、中国制造

2025 吗？！

通用电气曾是大家津津乐道的典范。韦尔奇乃众人追捧的 CEO。然而，自韦尔奇时代开始的对于金融服务业务的过分依赖，也在某种程度上为后来的挫折埋下了祸根。倒霉的伊梅尔特！上任第四天就碰上了"9·11"事件。从此，战战兢兢，如履薄冰，左右摇摆，上下晃动。主政通用电气 16 年，于 2017 年 8 月退休的伊梅尔特，作为通用电气的第九代掌门人，到底是能力低下，还是运气不灵，君子争不过命？这留给那些研究 CEO 和高管团队的人掰饬吧。

按说，这种当口儿，按照管理学文献的说法，通用电气应该找个外部人来当 CEO。否则怎么扭转乾坤呢？偏偏又选了约翰·弗兰纳里这样的内部老将。成也萧何，败也萧何。一个百年老店自然会（不惜冒死地）按照自己的章法和当事人的喜好去挑选下一代掌门人。这是制度的力量。那么多的关于高管团队的研究，只能是帮助旁观者认识和解读相关的现象。想让实践者按照研究结果行事，无疑是自作多情。基本没听说过哪个公司在聘 CEO 时去咨询学者。

约翰·弗兰纳里出生于 1962 年，1987 年在沃顿商学院获得 MBA 学位后加入通用电气，曾任职于 GE 资本 20 多年，之后负责通用电气的印度业务、医疗健康业务和集团的业务发展。约翰·弗兰纳里成为 CEO 和董事长时 55 岁，在通用电气服务了整整 30 年。前些年给某央企培训时，我曾专门大花精力写过一个案例，分析和总结通用电气的九代掌门人。没想到不到 5 年，通用电气的神话就在伊梅尔特身上破灭了。约翰·弗兰纳里接任。这个曾经的股市中坚已是明日黄花。不禁让人想起倒下的柯达。

另外一家百年老店宝洁，在雷富礼于 2009 年退休之后，由原来的 COO 麦睿博顶上。西点军校的高才生，宝洁 30 年的老将，也没有顶得住宝洁。到底是能力欠缺，还是年头日差？雷富礼退休 3 年多后复出，换掉麦睿博，也没什么大的起色。2 年后继任的戴怀德，1980 年从杜克大学毕业后入职宝洁，一干就是 35 年，也是老将。百年老店，必定是有套路的，不管年景好坏、生死荣辱。问题是，这些套路，哪些应该坚持下去？哪些还能坚持下去？这是类似的公司需要思考的。

当年盛赞这些百年老店的研究者和观察者难道错了吗？

CHAPTER 3
第三章

学术研究的内在逻辑与评价标准

THE
PARADOX
OF
MANAGEMENT
RESEARCH

学术研究存在于学者的社区，是学者在自己社区内的工作与生活，有其自身的内在逻辑。与之相应，什么是好的学术研究或曰有价值的学术研究，什么是拙劣的和不职业的学术研究或曰伪学术研究，也自有社区内的一套评价标准，类似任何一个具有传统和自尊的职业内在的职业评价标准。从根本上说，学术研究的目的在于求真，在于揭示现象背后的过程、机制和规律。这是学术研究的天职和本分。所有的与此偏离都是不负责任的。诚然，管理学研究的是相对实际的问题，需要对管理实践有意义和助益。这自然是更高的挑战和要求。然而，如果缺失了学术研究社区内更为基础的职业合法性，无论动机如何高尚和无懈可击，这种更高的挑战和要求通常亦是难以如愿。

学术研究的评价标准

在当下的时代,学术研究已经成为由作为正式组织的学术机构所牵头和主理的职业化活动。任何一种职业都有对本职业从业者工作结果的质量评价标准。这种标准既要遵从本职业内部的专业判断,又要兼顾其外在受众和利益相关者的诉求。一种职业的专业化程度越高、独立性越强,它对本职业内部的专业判断就越发倚重。一种职业越是全球化,其评价标准在全球各国之间越是会日益趋同。奥运会冠军和诺贝尔奖乃是全球化指标的典范。对于学术研究而言,一个大家最为趋近于认同的指标便是学术作品被同行引用的频次。这个指标并不完善,但它也许是所有不完善指标中相对最为可信和可行的。

学术研究,正在逐渐成为全球化的"群众运动"。各国的专职研究人员在各自的专业内向着全球范围内某个居于主导地位的标准靠拢,全球化的研究社区随之日益同质化。除了数理化等基础学科,生命科学和医学等诸多的自然科学学科也在逐步地构建全球一体化的研究社区,趋向于统一的研究范式与结果评价标准。同时,人文学科与社会科学的多个领域也展现了日益同质化的趋势。自然科学界曾以德文为主要发表媒介。之后，学术中心向美国转移，英文也代替德文成为科技界第一语言。在管理学界，全球大部分国家也都正在向以美国为代表的实证研究范式靠拢。有约 2 万名会员的美国管理学会，大致上一半会员来自美国以外。

无论是哪类学科，越来越清晰、明确的是，在学术研究全球化的大趋势下，大家正在拥抱一个相对客观公正的标准：学术成就的大小及其产生的影响主要是看其被同行引用的频次。你可以说，你的研究领域独特，参与的人少，故而引用频次天然较低。但在这个学术研究也被各方利益相关者不断考察投入产出比的时代，过于独特的研究领域之存在本身的价值就必然会遭到质疑。而且，学术研究的进步与发展，与几世纪前学者抑或发明家的苦思冥想不同，靠得正是参与者的互相激发与交流、促动与批判，关键在于大家集体的贡献。如此，很难想象一个没有影响力的研究领域或者研究人员可以抛开同行的引用来奢谈自己研究的价值与贡献。

说白了，大家都在同样的标准下比拼，不管你的研究时间、天分素质、勤奋努力、运势机缘。大家看的就是发表和被引用的情况。你可以说诺贝尔奖有偏见，科学引文索引（SCI）和社会科学引文索引（SSCI）不科学，奥运会比赛和奖牌发放也存在各种弊端。问题是，你只要承认并参与国际化的潮流，这些标准就难以避免。除非能够在这些标准下长期系统性地、成规模地做出出类拔萃的成果，否则你也难以修正或改变这些标准。

当然，所有国家都可以根据自己国家的国情和需要来自定标准。但这种标准本身也会受到与全球标准受到的同样的抑或类似的质疑。比如，中国自己的"中文社会科学引文索引"（CSSCI），被指摘为导致"唯论文发表"的弊端。不唯论文，唯什么？概而言之，有标准总比没有标准好。否则，所有的评价都是"我认为""我们认为""专家一致认为"，等等。再比如高考，也有弊病，但我们迄今还没有发现比它更有效而且更公正的选拔机制。

日本国家体育管理机构可以说"我们要制定具有日本特色的滑雪标准"。北海道体育管理机构会说，"日本标准不适合北海道地区的特殊情况，我们要制定具有北海道特色的滑雪标准，评选我们自己的冠军。最为北海道的才是最为世界的"。韩国学者可能说，"我们要有韩国自己的管理理论"。首尔江南区的教育管理机构和科技管理机构则可能会提议废除使用全球通用指标，也不必跟风韩国的国标和首尔的市标，而是要自创江南风格的管理理论。好在大家都没走那么远。然而，全球化道路漫漫，偶尔波澜。

奥运会的启示

日本东京，是第一个主办奥运会的亚洲城市，在 1964 年。韩国汉城（今日韩国首尔），是第二个，在 1988 年。中国北京，是第三个，在 2008 年。日本在 1972 年和 1998 年两次主办冬奥会。韩国在 2018 年举办冬奥会。中国在 2022 年举办冬奥会。

奥运会，源自公元前的古希腊。现代奥运会由法国人顾拜旦创立，

1894 年成立国际奥委会（IOC），1896 年在雅典举行第一届现代奥运会。日本从 1912 年开始参加奥运会，1928 年获得首枚金牌。韩国 1976 年获得首枚金牌。

中华民国在 1932 年首次参加奥运会。中华人民共和国在 1952 年参加过赫尔辛基奥运会。之后，1980 年参加美国冬奥会。1984 年重返夏季奥运会，在洛杉矶夺得首枚金牌。此时的参与和奖牌，是与国威和国光联系在一起的，乃是中国自 1978 年改革开放之后在国际上扬眉吐气的壮举。至少在体育界，中国尝到了全球化的甜头。

为什么亚洲人要参与西方人发明的游戏？为什么要跟风锦标主义？为什么几枚奖牌会跟国家荣誉联系在一起？

为什么日本人要打排球，自己的柔道不是更有日本特色吗？

为什么韩国人要打篮球，自己的跆拳道不是更有韩国之风吗？

为什么中国人要踢足球，自己的武术不是更应发扬光大的国粹吗？

全球约 200 个国家和地区都参加的赛事，是一个当代的国际赛事、全球化的平台，其标准是全球化的标准。标准在那儿戳着，清晰可见。更快、更高、更强。冠军是全球的。不分种族。无论西东。

奖牌就是关键绩效指标（KPI）。当然，你也可以说，不要以奖牌为目标，全民健身才是最重要的。干脆，废除奖牌和国际赛事的排名。要有自信，我们自己觉得要得不错，就可以了。

在企业界，很多人扬言要废除 KPI，只不过是用其他名字换一种方式来称谓 KPI。你们绩效怎么样？总不能说，凑合，还行。准确地说，是排名、份额、增长率。

日本从 1868 年明治维新开始启动现代化进程，开始工业化和军事改革，从全球最先进的国家取经，逐步创立现代的政府、法律、邮政、铁路和商贸系统，同时试图保持自己的传统文化。日本保持传统基本上不阻碍其现代化（说白了就是西化，它号称要"加入白人强权俱乐部"）。

韩国在经历日本统治和朝鲜战争之后，由朴正熙于 1961 年开启的军人统治以及其政商"合作"模式迫使韩国加速现代化进程。

始于 1978 年的中国改革开放政策，促成了中国 40 多年的飞速增长，经济和社会的现代化进程成就巨大、影响深远。中国成为国际社区的一个重要的力量。

各行各业都有"奥运会"，都有全球化的机构和平台，都有自己专业内和职业内得到公认的 KPI。大家都在参与并融入全球化的专业社区。日本政府计划在 50 年内拿下 30 个诺贝尔奖。这是用争办奥运会的劲头投入科研。

就拿管理学专业来说，美国前 30 名的管理系博士项目的博士生，如今韩国人至少占三分之一或者更多。

到全球著名交响乐团看看，日裔和韩裔音乐家都有当乐队首席的。华裔音乐家在名团的弦乐组更是随处可见。交响乐不是东方的，却是全球的。东方人正在逐渐汇入主流。包括谭盾、陈其钢、周龙等作曲家，都是国际一线作曲家。如果真是像乒乓球一样有群众基础，中国音乐家全球领先的局面指日可待。基数在那儿呢。

每个全球顶尖足球俱乐部都有一个武磊的话，中国的足球才算真正进入了现代化或者当代化。当然，也有人说："国家好不容易培养了你，你非要去给外国队效力，好意思吗？！"估计若是武磊留在国内，这些人又会嫌他有些窝囊，难以到国外为国争光。

再看电影界。好莱坞肯定是有偏见的（政治的、文化的和意识形态的）。这没什么可说的。但同时好莱坞也是做电影最为专业而且历史最悠久的。印度人可以说好莱坞不行，自己整宝莱坞，每年出的电影比好莱坞还多。宝莱坞是印度坞，不是全球坞。

如前所述，在学术界，类似于奥委会的评判机构（主要看同行引用量）就是 SCI 和 SSCI。正如奥运会一样，垃圾选手很多，作弊很多，丑闻很多，但它仍然是我们现在知道的并接受的最为公正的平台。你可以痛批"唯 SCI（SSCI）论"，你也可以完全废除 SCI（SSCI），也废除自己的 CSSCI 之类的。垃圾确实发的很多。发表也只是个学术游戏。

但这是全球参与的最受各国认可的智力游戏。最高、最精、最尖。如果我们继续参与身体上的奥运会，或许没有理由拒绝参与脑力上的奥运会。

想象一下，我们会不会祭出如下的言行：

我们不在乎奥运奖牌。我们不能唯锦标主义。我们要全民健身，不能只专注于少数人的更快、更高、更强。我们的足球，也没必要联赛计分。大家努力踢，球友们觉得好，主管部门满意，就足够了。要有自信。武磊模式我们不鼓励。

那么多孩子被逼着学钢琴简直是摧残。非得听什么交响乐？唢呐不是很好吗？建议把搞西洋音乐为主的中央音乐学院反向并入当年从它那里分出去的专注于民族音乐的中国音乐学院。

学术发表，不要 SCI 和 SSCI，关键是要能解决实际问题。光发论文谈理论有啥用？！还都是洋文的。我们怎么知道你们的研究没有浪费国家的有限资源？

理论的前提与边界

对于大多数人而言，甚至是对于很多所谓的专业学术研究人员而言，对理论的理解其实各有各的偏见或成见。大家通常难以觉察甚至也根本不在乎什么是客观事实，什么是个人意见，什么是严谨的理论，什么是花言巧语的说辞和诡辩。当然，对于有些人而言，凡是自己听不懂的抑或自认为不切实际的，都一并将其称为"理论"或曰"太理论化"；但凡有用的极具智慧的好东西大抵不会与此类"理论"有染，而注定是那些他们能够听得懂的并觉得很是顺溜的良心真话、肺腑之言。

科学研究的精髓在于不断地提出新的理论（概念、框架、模型等）去解释和预测现实中的一些现象。如何看待理论的功用与价值？如何看待理论的适用性？按照实证主义的传统，理论本身需要能够被证伪。某种理论可以暂时地被认为是现有理论中最靠谱的或者纰漏最少的，并因之流行，成为主导理论，直到被新的理论替代、修正、覆盖或者包容。

科学研究主要的方法论是特定条件下的比较试验。任何理论都需具有自洽性或曰内部效度（internal validity），在一定的假设前提成立的条件下，能够自圆其说，而且比较靠谱儿，能够在各种与之竞争的替代性理论解释中胜出，最好能够同时有很大程度上的普适性，可以应用于多种情形。

可以说，对于评判与应用理论的人而言，最重要的可能是需要搞清楚一个理论的假设和适用边界。基础层次的理论所揭示的现象和规律，一般人很难直接接触到或者直观观察到，因而会显得抽象、虚无缥缈。而对现象与规律进行深入的了解，恰恰需要人们能够在基础理论层面进行思考。如果没有一定的知识储备、经验积累、智力水准和感悟能力，是难以胜任的。看得清，才能玩得转。如果连最粗略层次的理论所描述的一般现象与规律也要问实用价值何在的话，显然提问者还没有真正入行。哈佛商学院不招本科生。美国的医学院和法学院等也都是只有研究生学位。其基本思路很清楚，相应职业的从业者，需要一定的理论基础以及经验积累。

当然，搞理论的也应该力求严谨精准。某些所谓的理论，概念混乱、大而无当、对象错位、关系不详，没有假设条件，拒谈何时灵光，不分普遍特例，不讲范围用场。比如，笼统地说"冬季进补好处多"。显然不靠谱儿。

好的理论，明晰精准、简单实用、不言自明。当再次听到别人问你某个理论到底有什么用时，你心里应该明白至少有两种可能性。一是那个理论根本不是理论。二是问问题的人还没弄懂那个理论。

研究专著与学术论文

研究专著和学术论文乃是学术研究成果的主要呈现方式。二者相互激发、相互引用,可以各司其职,亦可互补交融。论文讲究的是精准性与时效性。专著则以研究的范围和深度取胜,有利于对研究现象的全面捕捉和深入挖掘。在接近社会学的组织理论研究领域,研究专著一直居于重要地位,乃是衡量一个学者毕生贡献的重要指标。随着研究的日益常规化以及来自发表数量及周期的压力与日俱增,论文已经成为管理学领域最为重要的学术发表出口。这种情境下,在经年跟踪积累基础之上潜心琢磨打造的针对某个专题或者现象的研究专著也就显得越发地难得并可堪称道。

读博士第一年的时候,曾经粗略地读过 Robert H. Miles(1982)的专著《棺材钉和公司战略》(*Coffin Nails and Corporate Strategies*)。前一阵子,重读 Ned Bowman 教授 1990 年的文章,回顾战略管理学科早期发展史,他认为这本专著在学术研究和 MBA 教学与管理实务文献方面都占据重要地位。于是,我在亚马逊买了本二手书,花了一个晚上重读一遍。经典就是经典。

像钱德勒（1962）对美国企业多元化战略和相应的组织结构变革的研究，Bower（1970）对于大公司投资决策的社会政治过程的研究，以及保罗·劳伦斯和杰伊·洛尔施（1967）对于组织结构与过程和组织环境之间关系的研究一样，Miles 在此书中汇报的对于美国烟草企业应对生存危机的战略性组织调整乃是基于实例研究提出理论概念或者分析框架的经典演绎。

上述这些研究，采取的都是研究专著的形式，是整书的篇幅，而不是简单的期刊论文。这种做法，因为容量足够大，可以允许对某个具体问题或现象进行深入探讨，不仅具有对实例本身的剖析和解读，而且可以梳理并提炼出较为有趣和漂亮而且影响广泛和深远的理论贡献。这也是 Ned Bowman 教授所推崇的研究方法以及研究成果的呈现方式：基于现象，问题导向，理论构建。

Miles 教授的专业是广义的组织行为学（包括组织理论和组织行为），后来主要是组织理论，他所谓的。著作出版时，他正任教于哈佛商学院。之后曾担任埃默里大学商学院的院长。再后来开公司做咨询。他主要关注公司变革与转型。这本书，他的助手、合作者是其此前在耶鲁大学时带的博士生，后来长期任教于密歇根大学的 Kim Cameron。

这本书考察了 1950～1975 年美国烟草业中的六大企业如何应对"吸烟的健康问题"所带来的影响整个行业生存与发展的危机。作者重点聚焦于此间三次重要的来自企业外部环境的威胁：1953 年的 Sloan-Kettering Report，正式地报告了吸烟对身体的危害（比如引致肺癌）；

1964 年美国卫生署长的报告，要求标明"吸烟有害健康"；1970 年烟草广告在广播电视媒体上被禁播。

全书的分析框架其实非常简单，就是仨圈：领地防御（domain defense）、领地攻击（domain offense）、领地创建（domain creation）。

在具体的分析与解读中，大量地引用和拓展了既有的文献。比如，组织生态学等强调自然选择作用所体现的环境决定论（Hannan and Freeman, 1977；Aldrich, 1979）、Selznick（1957）的 distinctive competence 和新制度理论、资源依赖学说（Pfeffer and Salancik, 1978）、Barnard（1938）以及后来的关于管理者的能动性研究（Andrews, 1971）、战略选择的可能性与重要性（Child, 1972）、钱德勒（1977）关于"看得见的手"的论述，以及 Ray Miles 和 Chuck Snow（1978）的分类法。

领地防御主要解决整个行业的合法性问题。六大企业采取的是合作和勾结。主要方式是：①创建、散布和控制相关信息，以及②游说和拉拢相关制度环境中的关键实体与要素。

领地攻击主要针对个体企业的竞争力和效率问题。大家的主要对策是互相竞争。主要方式是产品创新（比如增加有过滤嘴的烟草品种，开发低焦油和低尼古丁含量的产品）和进一步的市场细分。

领地创建主要是走出主业的多元化举措，包括产品多元化以及地域多元化（国际化），旨在开辟新的增长与生存空间，避免和分散企业经营总体风险。大家的对策是因势利导、各自为政。

六大企业具体的表现，上述三种领地管理的不同应对组合，导致了大家的地位变化和绩效不同，比如菲利普·莫里斯公司（由于万宝路的畅销而）后来居上，这里就不再赘述。

唯一美中不足的，也许正是对于不同企业应对战略的考察与捕捉。这里作者直接借用了 Miles & Snow 分类法，没有自己独特的语境和框架。总体而言，该书更注重通过实际现象而对现有文献进行整合和应用，虽然形式上有提炼的意思，但实际上仍然主要是应用和展示。

在重读的过程中，一个问题一直萦绕在我的脑海中。如果战略真的可以造就企业间的差异，面对巨大的环境威胁，应该有些企业成功，有些企业失败。但这个行业的六大企业（寡头），至少在这 25 年中，都生存下来了，并没有谁倒闭。也许，这种结果跟这个行业的特殊性相关。

我直到读到作者最后的总结时，才欣慰地发现作者其实意识到了这个问题。他们指出了六大企业所拥有的三种组织裕度（organizational slack）：资源裕度（比如现金）、政治裕度（比如就业与税收）和管理裕度（比如销售渠道和品牌管理能力）。

另外一个特质是需求方的，也就是说消费者的上瘾。吸烟、酗酒等所谓的恶习，理性的话，大家都知道其危害。到底"及时满足"与吸烟的潜在疾病风险哪个更重要？这是见仁见智的问题。到底这个选择是该由个体来做，还是该由社区来做，抑或是该由政府来做？在不同的国家和时期，有不同的政策和结果。

过多的干预，也许并不一定能够解决问题。比如，作者就指出了一个政府政策的悖论。禁止广播电视媒体广告之后，至少在短时期内烟草销量反倒上升了。具体的解释之一，便是大家都省却了大笔的广告支出，可以用于其他产品创新和促销。而原先的巨额广告费只能帮助企业保持现有地位，是花钱买均衡。不做广告，丢失收入。做了广告，不增收入。大家顶多持平。政府等于是给烟草企业强制减负。

另外，过去政府要求烟草企业"免费"支持反烟草机构做宣传。现在，不让它们做广告了，它们也没有理由再掏钱帮助那些反烟草机构的宣传了。总之，从悖论的角度看问题，会有很多启发。比如，有足够的研究证据表明，在很多城市，医院的员工如果罢工，当期的人口死亡率反倒下降。如何解释？因果关系？作用机制？替代性解释？

这个行业选择至少是足够令人感兴趣的。涉及的现象和问题，不仅涉及环境决定论和战略选择说的对抗，也涉及市场战略、制度战略、政治战略与社会责任等多种视角和主体的交汇，能够使作者充分地借鉴和整合现有的文献，提出较为全面和系统的解读。

如果能够找到一个行业，该行业的企业间有足够的多样性和异质性，不仅在战略定位上，而且在资源禀赋和裕度上，那么故事可能会更加精彩。比如，面对宏观调控去杠杆的大型民企，或者同一个行业（比如之前的光伏行业）内的企业面对外部突变做出的战略与组织应变。当然，现在的巨型房地产企业也是一个好的样本空间。它们到底是如烟草企业一样财大气粗，还是像光伏企业一样水落石出？

我们需要类似专著形式的探究。记者们往往鲜活灵动，但通常缺乏系统的理论提升。学者们大多浅尝辄止，缺乏对问题和现象的详尽了解。能把一件事情说清楚而又有理论贡献，类似的研究专著乃是必需的。迄今为止，中国的管理学界仍然缺乏类似费孝通《江村经济》那样全景式的扎实研究。

论文署名作者数量的猫腻

学术研究曾经是寻求知识的漫漫孤旅。观点迸发，智力比拼，大胆假设，小心求证。偶尔有同道者，因缘际会，结伴而行。如今，大家喜好抱团取暖，大规模地成群结队乃是常态。殚精竭虑的思想与智力游戏变成了生产线上的产业化制造加工。论文署名作者的平均数量日渐增多，论文发表的数量也同时激增，但我们对问题的解答却似乎没有多少引人瞩目的进步。也许，论文的质量被稀释了。也许，很多所谓的学术研究，既没有学术含量，亦缺乏尽职精神。

在田径领域，常见的接力比赛项目是 4×100 米接力和 4×400 米接力。我们能否想象 8×100 米之类的接力？那种混乱，掉棒和冲撞的概率会大大增强。不管是几 $\times100$ 米，至少在这些项目中每个参赛选手都得实际上场跑一段。

在学术圈，大家会发现，论文署名作者数量可谓逐年增加。在既往的研究规范下，拿得出手的单人独著乃是体现独立自主研究能力的必要成果。二人合著亦是经常可见，大家珠联璧合、取长补短，"规模经济"

和"范围经济"一锅端。三人合作，在很多情况下，也许是发表的极限。

毕竟，学术研究，不一定是一棒接着一棒的接力赛，也可能是双人花样滑冰，同时出场。很难想象四个人同时高台跳水、五个人并排跳远。三人行就会有政治行为，拉帮结派。三人之上，注定有搭便车的。

迫于学术发表的压力，大家都在四处寻求"合作"，以增大自己的边际产出。假设顶尖期刊的发表周期是四年，四个学者，每人独立写一篇，四年下来（去除每年的滚动效应），每个人发一篇。但如果这四个人都名义上参与其他三个项目，大家轮流坐庄当第一作者或者通讯作者，且命中率一样的话，那么四年下来每个人就有四篇论文。在如今的评价体系下，也许大家不认为四年发表一篇独著的作者会比四年发表四篇合著且每篇都是四个作者的作者影响更大。

数量确实管用。不发表，就出局。现在很少能有机构有足够的耐心让你十来年弄出一部惊世大作。六年内在顶尖期刊发表六篇论文。高压锅里咕嘟着。规定时间内完不成规定动作，就得立马走人，悲痛欲绝地找下家。大家都不容易，新手要抱大腿出镜，老将需要揽喽啰干活。有的人手握数据就到处"放贷"，索要署名权。有的人评论几句也要加入作者行列。研究已然是借口与托辞，论文发表是真正的有奖竞猜游戏。

如果武松打虎的故事发生在今天，武松每天都得带上几个打虎伙伴，专门找虎打虎。实在找不到老虎，就只能找猫或者其他貌似老虎的替代物（surrogate）来对付。最后不知道老虎或者貌似老虎者究竟是被谁打死的。当然，大家可以轮流当武松。而且，可能有些老虎会被武松他们集体揍了好多回还不能死。晃晃悠悠，躺倒好多时了，忽然又起来了。

如果哪位博士生愿意以论文署名作者数量与论文质量之间的关系做一篇博士论文的话，应该是一件有趣的事。可以用论文的引用频次、获奖概率以及在博士生课程中出现的概率等常见的指标来测度论文质量。可以看顶级期刊和普通期刊的区别、名校和普通校的区别、著名学者和不知名学者的区别。总之，其他条件相等，调节变量、控制变量之类的全整上，看看是否支持我的如下假说：

H1：论文署名作者数量与研究题目的宏大性和貌似重要性成正比。

H2：论文署名作者数量和论文质量成反比。

H3：H2 中的关系受调节变量的影响：

　　H3A：研究题目的思想性与原创性要求强化 H2 中的关系；

　　H3B：研究题目的复杂性与多样性要求弱化 H2 中的关系。

综上所述，可以考虑如下替代性抑或总括性假说：

H4：在思想性和原创性要求极高的情境下，单一作者的论文质量最高。

H5：在常规范式阶段的一般情境下，论文署名作者数量与论文质量呈倒 U 形关系（实际上应该叫 n 形关系，能正为啥非要倒过来？）。

　　H5A：通常情况下，署名两个作者的论文质量最高。

　　H5B：特殊情境下（参见 H3B 的逻辑），署名三个作者的论文质量最高。

　　H5C：越三则衰。

近亲繁殖的悖论

在选教授时，为了避免近亲繁殖之嫌，一个某个学科排名世界第一的大学，是否就只能去水平相对较低的学校招人，即使明知自己的学生比他们强？举贤不避亲可以吗？近亲繁殖在潜在弊端之外是否同时有其他正面的影响和贡献，比如推动和促进学术流派与传统的造就与传承？从悖论的角度来看，也许完全没有必要一提所谓的近亲繁殖就理所当然地要去痛批和讥讽。

芝加哥学派，奥地利学派，哥本哈根学派……显然，无论是自然科学还是社会科学领域，都有一些极具特色的学派重镇，开启风尚，传承流派，造就人才，影响后学。没有一定的人才集聚、学术信条以及共同取向（甚至价值偏好），就不可能有所谓的学派重镇。

同时，在学术界，大家似乎又往往喜好不假思索地、类似本能地去诟病所谓的近亲繁殖。鼓励开放多元，避免故步自封。这自然没有问题。但仔细思之，没有所谓的近亲繁殖，哪儿来的归属和认同？哪儿来的梯队、团队？哪儿来的学派和重镇？

完全没有近亲繁殖，所有的领域都是散兵游勇、布朗运动，无法形成有效集聚。过于近亲繁殖，则可能陈规陋俗、积重难返。这肯定是危险的。自不待言。也许，一定的近亲繁殖和足够的开放包容才会有相应的生机勃勃。物以类聚，人以群分。也许用"近亲繁殖"这一说辞来比拟学术界的传承本身就是非常不靠谱儿的事儿。

做学问不是生孩子。打仗亲兄弟，上阵父子兵。集中精力办大事！雇佣兵很职业但不忠诚。学术界根本不是（至少不再是）一个人闷头苦思冥想然后偶有惊天发现的地界。如果要生存和发扬光大，就必须有影响力。用如今的时髦来名状，就是要构建自己的学术生态系统。

你的东西是不是贡献，这件事儿本身就是由现有的学阀审定和认可的。他们各自占一方，山头林立。你没有山头，就没有根基，就像唱戏的人或者说相声的人没有拜师一样，是野路子。你想自立山头，越来越难。你得等运气。兼容并包很养眼。团结才是力量。

曾在一个叫"计量经济学"的公众号上看过一篇痛批国内学术界近亲繁殖现象的文章。貌似证据确凿，结论言之凿凿。果真如此吗？根据三种具体的指标来测度近亲繁殖的程度，该文章结论是：简单地比较，平均而言，中国大学的近亲度（60%）乃是美国大学（10%）的6倍。

近亲繁殖确是个问题！没说的。怎么解释呢？一个原因源自优秀大学的集聚与分布。美国的大学平均应该比中国的老（早）100年左右。经过多年的发展，它们的总体学术水平较高，地域分布也相对分散和平均。即使是偏僻的大学城，也可能有世界级的学科和学者。中国的大学总体年头短,而且集中在若干大城市。比如,兰州大学和中国科学技术大学人才流失,便是体现了资源向少数名牌大学集聚的现象。如此,中国大学的第一梯队和其他梯队差距巨大。

美国大学间的人才流动非常普遍,尤其是水平相当的众多名校之间的平行流动。当然,任何时候流动都是由高到低为主。由较高到超高或者由中高到较高仍然是可能的。

如上所述,由于历史原因和经济发展等限制资源与人才流动的诸多原因,中国大学优秀的和其他的差距很大,人才由低到高反向流动几乎不可能,基本上都是由高到低(包括海归挤压本土人才)。平行流动也极为不易。

假设北大中文系是该学科全国乃至全世界第一(纯粹假设啊),它偶尔会从复旦大学或者中山大学、武汉大学等老牌大学的早期大师之后辈那里选任一二学术强人。通常情况下,不会去铁岭师范这种专科学校破格选一名副教授。

想清楚了这个道理,就知道不近亲繁殖才怪了。对了,我说过,别再用近亲繁殖这个愚蠢的比拟了。没有自己认可和欣赏的后辈学人,如何建立自己的学派?哪有自己的特色?啥叫志同道合?!

上述那篇文章登载在"计量经济学"公众号上,它其实犯了一个重大的计量错误。它只看了所谓近亲度绝对值的高低,并没有对近亲度和学校排名做哪怕是最基础、最简单的相关性分析。

我在得克萨斯大学奥斯汀分校（UT Austin）读书的时候，教统计课的老师是著名的统计学大家 William Hays 博士。他经常说的一句话就是，先别急着上手玩技术，先简单地直观地展示一下你的数据，很多情况自然就一目了然了。好像明茨伯格也是这么说的。

你甚至不用上手做相关性分析，用肉眼就能看出来，美国的经济系排名越高，近亲度越高。除了哥伦比亚大学是个离散点，排名前 10 的美国大学的排名和近亲度基本上简直就要接近完全正相关！近亲度最低的加州大学洛杉矶分校和耶鲁大学都是在排名前 10 之外的！

如何解释这个相关性？！排名越高的学校近亲繁殖程度越严重。美国前 10 名的大学根本不在乎人们所诟病的近亲繁殖。它们就是要把自己最优秀的学生留在自己这里！而且是它们自己认为最优秀的，不管旁人如何褒贬。

跟上述假设的北大中文系例子的逻辑一样。世界第一（世界一流）的学校，为什么不留它自己培养的世界一流的人，为什么它非要到世界二流或者一点五流的学校找一些不亲的人？

当然，可以先打发自己的毕业生到别的地方"锻炼一下"，体味一下人间百态，以便更加奋发图强。韩国企业家就有把自己孩子先关进监狱锻炼再出来继承家业的。中国家族企业家也有对其子女劳其筋骨、苦其心智的。

学术界也一样。先放自己的学生到平级或者低级学校。如果做得好，再招回来。像萨缪尔森，离开芝加哥大学，到哈佛大学读博士，实际上他内心里是很愿意留在哈佛大学的，但最终成就了麻省理工学院，也许算是一个"反例"。

在管理学领域，Ranjay Gulati 从哈佛大学到西北大学，最终回到哈佛大学。朱峰从哈佛大学毕业，到南加州大学晃荡几年，又杀回哈佛大学。按他现在的成就和气势，那是奔着数字战略领头羊去的节奏！

1994 年我博士毕业那年，教职市场极差。哈佛商学院毕业的 Ashish Nanda 据说有 12 个校园面试机会，但最终好像没一个像样的单位录用他，结果哈佛商学院自己把他留下了，虽然事后证明他并没有获得终身聘用。

另外，近亲度的测算也有多种讲究。一个沃顿的商学院毕业生去了欧洲工商管理学院，在那儿带的博士生被聘到沃顿商学院任教，或者该博士生到密歇根大学任教后所带的博士又到沃顿商学院任教，这算不算近亲繁殖呢？

也许，关键因素在于严格的遴选和把关。考察的基数大、范围广，强者胜出。最终，不是所有的近亲在近亲之地都有繁殖权！只有那些被证明"值得"的近亲才能在近亲之地存活并拥有繁殖权。其他的要么出去当远亲，被放逐到不亲之地跟没什么关系的人繁殖，要么留在近亲之地但被废黜繁殖权。

学计量的、做研究的、喜欢人云亦云的，不要动不动就先预设观点，然后找所谓的数据去支持自己的结论。先看看数据本身到底说了什么，在哪些地方可能支持自己的结论，在哪些层面可以反驳自己的结论或者使自己的结论没有意义与说服力。

越是世界名校，越有自信，越不在乎近亲繁殖的指摘，而且它们通常也有足够的自律和开放包容。学术研究需要志同道合的人的强势集聚。兼容并包和百花齐放也许主要是应该在学科领域层面，而不是在学校院系层面。

在环境的资源丰富性和分布均衡性的约束下，资源和人才向高端集中是自然的，也是明智的。没必要以反对近亲繁殖的名义把人才平均疏散到各地去做低水平的重复、耗荡与衰减，也不要一提到近亲繁殖就本能地贬抑、批驳，有选择地收集和罗列各种自以为支持自己观点的证据。

象牙塔的无奈与必须

  学术与实践终究是有距离的。各有各的逻辑和规律、自尊与自律，以及不同的价值取向与评价体系。学术研究旨在求真求知，揭示现象背后的机制与道理。管理实践旨在寻求预期的结果，通过实践完成使命、达到目的。二者的共性都是要解决问题。但二者要解决的问题截然不同。管理实践讲究的是即时有用、切合实际。而学术研究专注的问题通常是更加基础、根本、抽象和长远的。学术研究可以取材于管理实践，但对管理实践有启发、有助力的研究可能完全出于学者对根本问题底层逻辑的思考与想象，甚至与实际的管理实践和问题没有任何直接关系。而且，无论是取材于实践还是思辨，学者必须有自己的独立性，按照自己的行规和节奏审视和应对自己的研究工作。从职业道德的角度来说，这正是职业合法性的基本要求，也是职业人士最具社会责任的表现。无论动机如何高尚，出发点如何道德优越，抛开职业性和职业规律的研究，注定令人质疑。象牙塔有自身的道理。塔，不是物理的存在抑或概念的藩篱，而是对独立性的坚守，对求真的承诺。

象牙塔亦是真实世界的一部分

最近一段时间，从不同的渠道看到诸多知名的教授在不同的场合说中国过去 40 余年的管理学研究与管理实践的关联度越来越低，呼吁学者走出象牙塔，用严谨的方法做"负责任"的研究。这个说法似乎谁都无法反对。

我必须在此矫情一下。我烦透了把象牙塔和"真实世界"相割裂的说辞与做法。我的老师 Reuben McDaniel 当年就非常自傲地说，我们的象牙塔就是真实世界，是真实世界的一部分！你以为我们住在火星上吗？！

如果把象牙塔界定为学术界，那么就意味着用科学方法论研究象牙塔内外的问题。倚重实践、注重实践，甚至参与实践，也就是所谓的走出象牙塔，接触现实，解决实际问题。用最简单庸俗的管理学研究方法，2×2 矩阵，我们不妨看一下管理学研究的各种路数。一个维度就是"待在象牙塔"与"拥抱实践"，另外一个维度是"有"与"无"。

最早的管理学研究，在约 40 年前的中国，二维组合基本上是双无或双低。既无象牙塔，亦无拥抱实践，虽然偶尔有些管理实践总结的个案。

第二种组合是只重实践，不强调理论。日韩企业崛起前后，本土的管理学研究基本上是这个路数。其时，管理学界几乎没有理论贡献。

第三种组合，既重象牙塔，又重管理实践。中国学术界"貌似"走的就是这条道路。各种来自实践的土理论可以适时流行，各种所谓国际主流的理论也被生搬硬套到中国数据和案例上。

第四种组合，是重象牙塔而相对远离实践，虽然有时要对实践做需要嘴上功夫的"表面文章"。以美国为代表的主流管理学研究社区，是这种组合的典范。批评象牙塔也许对这种组合而言最为迫切。中国学术界的象牙塔程度远远偏低。

美国商学院联盟（AACSB）出自 1959 年的 Gordon and Howell Report 以及同时代的福特基金会报告，大力呼吁要构建管理学研究的象牙塔，远离退休企业家到商学院兜售战斗故事的教学模式。要有学科建设。要有理论基础。要有实际证据。要有经验总结。

也许，如今科学化运动走过了头，才有了再次拥抱实践的呼吁。美国管理学会的前主席 Don Hambrick 在 1993 年就呼吁过，后面的诸位主席，包括徐淑英和陈明哲，也都呼吁过。这不算是什么新鲜事儿。我的基本判断是，对于美国管理学界，呼吁也没用。对于中国管理学界，呼吁为时过早，也许只是能够旁敲侧击而已，无关痛痒。

2020 年，美国范儿的加拿大学者 Danny Miller 的谷歌引用数已然 7 万多次了，在战略管理学学者中大致排在全球前 10 位。当年我上学的时候听我师叔 James Fredrickson 如此评论：随便找一些人胡乱排成一列，Danny 肯定分辨不出来哪个是老板哪个是流浪汉。我师叔在哥伦比亚大学教书的时候与 Danny 经常来往，我相信他的描述和评价是可信的。

波特二三十岁就博士毕业了，从来没在企业里"体验过生活"。在哈佛商学院做了 7 年的冷板凳，他出名靠的不是企业调研，而是象牙塔里产业组织经济学的理论根基。他现在也号称大师，是全球战略的头牌。

试想，当年他做研究的时候，想过自己的研究是否"负责任"了吗？

波特在哈佛商学院晚几年的校友 Wernerfelt 游走于经济学、管理学、营销学三个领域，全都是理论先行，自己做的漂亮的实证研究也都是基于文献和想象来检验理论。有了清晰精准的理论，管理实践的含义不言自明，你们自己琢磨去！

25 岁从耶鲁大学博士毕业的巴尼，1986 年的三篇经典论文，没有任何实践的影子。从文献到文献，从概念到概念，从理论到理论。现象？现象是为了证明理论而存在的。理论有其自身的存在价值。实用。美观。

就像有人说，史努比的作者在世俗世界的生活，不过是暂时从史努比的世界里出来冒个泡儿，从而能够使自己更加专注于史努比的"真实世界"。对于很多人而言，史努比的世界恰恰可能比自己亲身经历的世界还真实！

学术生活在文献中展开。象牙塔是学者的真实世界。

美国的管理学术界和"商务畅销书"市场泾渭分明。可以只讲实践，不讲任何理论。也可以只讲理论，丝毫不顾及实践。当然，偶尔也可以双向融合，比如波特和明茨伯格之类的来自学术界的大师。

值得一提的是，能够出来呼吁走出象牙塔的教授在各自学术生涯的前几十年都是老老实实做实证研究，按照象牙塔内的规范兢兢业业地做本职工作的。他们功成名就之后所呼吁的，跟当年做学科马前卒时的所作所为基本没啥交集。

大多数情形下，希冀理论指导世俗意义上的真实世界的实践基本上都是臆想。实践过后，能够及时系统真实地总结就不错了。说得极端一点，影响实践的通常是错误但美艳的理论，或者是这些理论的错误应用。

有一年在北大国发院[一]的教师年会上，我放了很是不招经济学家待见的横炮。有人说，现代的发展经济学不能解释中国的发展，因此，我们要构建中国的发展经济学。我当时没有直接回应，现在想想，这些美国人弄出来的发展经济学同样也不能解释美国的发展，或者任何一个发展经济学理论也不能完全解释它意在解释的那个情境的发展。哪有那么多理论能完全解释任何东西？

我当时的反诘是这样的："我们一天到晚说我们的国情特殊，别人的理论不适用，需要弄自己的理论，还要对发展中国家、新兴国家、第三世界国家等进行启发。想象一下，我自己要是新兴国家的决策者，也学中国人的说法，肯定会说'都歇了吧，你们的理论怎么可能用于我们国家？！我们哪一个国家有你们中国那样的体量？'，于是，每一个国家都有自己国家的经济理论和管理理论。那多贴近实践！浦东陆家嘴也得有符合自己特色的金融学说与管理理论。"

中国改革开放四十多年的成就，需要解释，需要理解，需要传播。理论的构建和传播，注定是要先在象牙塔里进行严谨负责的工作的。战斗故事很多，各类所谓的实战派专家更多，基本上都是将基于局部观察的自我感悟当成普遍的公理。"我认为""我相信""我们应该""我们必

[一] 即北京大学国家发展研究院。

须"，文风与20世纪80年代无二。只是多看了几家企业而已。再看也看不过嗅觉敏锐的记者。

真正按照科学方法论去做研究的人很少，即使是象牙塔里的人。大家热衷于收集与拷打各类问卷调查和档案数据，只是被拷打的对象越来越大，被称作大数据。

象牙塔里的最高境界是品位和洞见，是构念和假说的形成，是对机制和过程的解释，是对范式的构建和应用。没有数据支撑就能够搞清问题，才是真正的高手。我在北大国发院BiMBA商学院长期的老板（统计学家）胡大源教授如是说。大家可以仔细想一想，有多少划时代的理论是拷打数据整出来的？归纳、演绎、模拟、建模、猜想、逻辑推导……构建理论的方法很多，数据的应用不过是一种，而且通常不可靠，尤其是在那些擅长作假的地方。

诚然，我们从小就缺乏逻辑训练。理论构建的功底极其薄弱。即使是走出物理意义上的象牙塔去直接考察管理实践，也是需要象牙塔内的历练和准备的。案例研究、田野调查、扎根理论、定性研究，都是有章法的，都是要有象牙塔里的严格训练和技法的。不是说什么人随便到田野里走一遭就能逮到兔子。理论创新哪那么容易？理论创新和创业一样，如果都有数据清楚的支撑，根本没有理论存在的必要了。

塔内塔外的关联与理想主义的悖论

塔外的人只是想象和呼吁塔内的人应该从塔里出来，要做接地气的学术研究，但他们无法接受在按照现有的学术规范做出的东西中寻求最靠谱儿的结果这样一种更加现实可行的选择。

迄今为止，没有确凿的证据证明如下几点：

（1）长期而言，学术研究的传统会持续地受学术界以外的势力和舆论的干扰或者胁迫。一个相反的替代性解释也许值得思考：作为一种职业，学术研究在根本上会按照自己内在的逻辑演进，直至灭亡，不再具有存在的合法性。

（2）经过各方呼吁与施加压力，学术界的研究会更加接地气，更加具有实践导向。在全球范围内尚未发现哪个国家的管理学界是朝着这个方向发展的。相反，各国学术界内的管理学几乎都在朝着更加学术化的方向迈进。学术研究过去几十年发展的方向恰恰是更加学术，远离早先的貌似接地气。那些如今呼吁接地气的学术界内的领袖自己就是不接地气的学术规范和传统的典型受益者。否则，他们也没有资格和机会出来呼吁。这正是悖论性的尴尬。

（3）接地气的学术研究比不接地气的学术研究有用，对管理实践更有指导和帮助作用。首先，接地气和不接地气怎么界定？由谁来界定？其次，用什么指标来衡量一种理论或者研究成果有用没用？由谁来衡量？即使假设学术界能够做接地气的学术研究，如果没有证据表明接地气的学术研究比现有的不接地气的学术研究更有价值，呼吁学术研究"应该"更加接地气的意义何在？

（4）学术界以外的研究、思考、尝试、总结也许比学术界内的研究结果更有用，更有实际效果。谁来进行考察？如何进行判定？采用什么样的证据和比较方法与过程？假设学术界现有的不接地气的研究没有任何价值，谁能够清楚明白地告诉我们他是怎么从非学术界哪些更加接地气的管理思想和真经那里直接受益的？

（5）管理学研究的兴盛与经济发展和企业兴盛的关系是相当确定的。到底是管理实践成就了学术研究还是学术研究影响了管理实践？学术研究到底是基于自己的想象还是现实的实践？在学术研究发达的国家和地区，到底是学术研究的高超促进了企业的发展，还是企业的发展导致的经济繁荣为学术研究的进行提供了更多的各类资源支持抑或素材支撑？没有定论。

核心问题：所有的有关管理的研究结果和人类智慧（包括广义的思想、知识、理论、经验、真经，如此等等），究竟是怎样对管理者产生影响作用的？如果没有关于这个问题的回答和证据，其实管理实践直接闷头干就行了。边干边想，学中干，干中学，无须焦虑盲人瞎马、夜半深池，或可春风得意，一日长安。勤奋敬业，摸爬滚打。荣辱成败，一切随缘。

根据上述疑问，我们可以进一步思考下面的后续问题：

（1）我们究竟是用学术界内的研究成果来教育和培养学生、启发各类管理者，还是用学术界以外的思想和实战真经？

（2）学术界产生的不接地气的研究成果是否会在某些时空和维度上对管理实践有所启示和触动？

（3）如果会的话，学术界内外的各方人士是否可以在承认现有学术规范和研究现状的前提下寻求对管理实践最可能有帮助的研究结果？通过什么方式和渠道来寻求？

（4）无论是哪里的与管理相关的研究，我们如何界定"负责任"的研究？谁来界定？到底是看研究的出发点和理想化程度，还是看其求真性以及结果是否客观精准？

虽然没有系统的科学研究和证据，但至少古今中外各行各业的多种实例倾向于印证这样一种屡见不鲜的现象抑或悖论：那些高举道德至上和理想主义大旗的运动所导致的很可能是虚伪和灾难。

CHAPTER 4

第四章

学术研究之机巧：选题创意

THE
PARADOX
OF
MANAGEMENT
RESEARCH

学术界通常不是反潮流之地。革命性的范式变革甚是罕见而且难以预料。常规发展状态下的学术研究日益成为在既定规范下多方参与的竞争性游戏。研究是下注，发表是中奖。这种情境下，精彩而又具有广泛影响的学术研究通常具有良好的选题创意以及背后精良的制作工艺。研究题目不仅要真实具体，具有显著的理论意义，而且要颇为有趣，具有超强的吸引力，同时也要具备足够的可行性，能够按照现行的学术规范进行运作、处理和呈现。本章萃取管理学、营销学、社会学、心理学等领域的相关文献和话题，着重强调选题创意的重要性。

战略管理研究三例：资源和能力的来源及其再配置

学术研究乃是一种有章法的游戏。革命性的范式性变革极为罕见，可遇不可求。通常情况下，讲究的是渐进做增量，做所谓的有边际附加值的理论贡献。所有的工作都要放在现有文献的大背景下，不能信口开河、闭门造车，也不能无端重复、老生常谈。也许，所谓的"有章法的顺势发挥"可能是学术研究与理论贡献的精妙之道。合乎规范，而又有想象力。简洁清晰，而又精致优雅。

甫自战略管理领域研究传统形成之早期，印度裔学者就风头甚劲。20世纪80年代末期，我刚入行的时候，读的很多都是印度裔学者的文章。这些学者主要是哈佛商学院和匹兹堡大学毕业的博士，中坚力量是80年代毕业的，有些是70年代毕业的。

到了20世纪90年代，与战略相关的印度裔学者亦然势头不减，包括哈佛商学院毕业的 Ranjay Gulati 和 Tarun Khanna 等，麻省理工学院毕业的 Zaheer 夫妇，以及名气没那么大的沃顿商学院毕业的 Jaideed Anand 和 Prashant Kale 等。在整个"95后"[一]一代中，也许成就最为卓著的当数

[一] 此处指1995年后毕业的。

密歇根大学（1996 年）毕业的 Gautam Ahuja 和沃顿商学院（2002 年）毕业的 Sendil Ethiraj（曾任《战略管理期刊》（*SMJ*）共同主编）。今天就说说这二位的两篇文章。一篇是《资源从哪里来》⊖，另一篇是《能力从哪里来》⊖。

⊖ Ahuja G, and Katila R. 2004. Where do resources come from? The role of idiosyncratic situations. *Strategic Management Journal*, 25（8-9）, pp.887-907.

⊖ Ethiraj S K, Kale P, Krishnan M S, and Singh J V. 2005. Where do capabilities come from and how do they matter? A study in the software services industry. *Strategic Management Journal*, 26（1）, pp.25-45.

战略管理研究二则：资源和能力从哪里来

印度裔学者概念化的能力相当强，更不用说英文写作如鱼得水了，而且讨论和畅想的部分更是口若悬河、精彩纷呈。核心的结论都很简单直白。资源从哪里来？异质性资源从哪里来？不同企业面临独特的情境导致独特的搜索过程，从而导致独特的资源获取方式。能力从哪里来？有什么用？能力的类型和获取是具有情境特定性的。不是所有的能力都对绩效有同样的贡献。因此，问题不是能力有没有用，而是在什么时候如何有用。

能把显而易见的事儿给掰饬清楚，这就是研究。知道"1+1=2"不是事儿，能证明"1+1=2"才是事儿。如果不能证明，至少能够在某些情境下演绎、归纳、展示、接近，也是事儿。研究不过如此。否则，都是那么一说，如何证伪呢？到底信谁说的啥东西呢？要么证明大家习以为常的信条（假说），要么推翻它们。而最妙的，是部分地推翻。这就需要巧妙地设计和操纵。从这个意义上说，常规性的研究不是为了发现真理，而是为了选择和呈现那些可呈现的貌似真理的东西。

这两篇做得都很精当。当是博士生研习的范本。尤其是找两个自变量来对比，在不同的情境下对比，结果怎么着也能变幻出点儿花样。真正好玩的不是一个变量怎么变，怎么影响因变量，而是两个变量的比较，至少也是一个变量的不同区间之间的比较。常言说，没有比较就没有伤害。实际上，没有比较就没有发表。单一要素理论只存在于《哈佛商业评论》上的那种信誓旦旦的文章中。

第一篇聚焦资源。第二篇主谈能力。第一篇所谓的资源，其实也是能力，指的是技术能力。都是定义和称谓问题。资源可以包括能力。能力也是资源。还是巴尼想得清楚，虽然自称坚持资源本位企业观，但行文中一贯是资源与能力并列互等，不做具体细分。

先看第一篇文章《资源从哪里来》。

资源的异质性从哪里来？独特的资源从哪里来？该研究针对的是美国化工企业在获取技术资源时的搜寻过程。作者比较了科研搜寻和地域搜寻两个方面，分别探究两种路径的特点及其对创新绩效的影响。

假设1：企业技术资源枯竭强化科研搜寻力度。
假设2：企业国际化的进展导致国际化搜寻足迹的变化。
假设3：科研搜寻力度与企业创新程度呈倒U形关系。
假设4：地域搜寻广度与企业创新程度呈倒U形关系。

结论：独特而又有惯性的搜寻乃是一种演化过程，偶尔突变，经常犯错。不同企业在独特环境中采用的独特的搜寻路径导致企业间资源异质性的产生。这种异质性的资源导致了企业创新程度的不同。

科研对地域，技术枯竭对国际化，捉对厮杀，必有成败。于是好讲故事。关键是这些对子有直观的简洁性与吸引力以及具体情境下的契合性与可信性。放在相关企业资源文献的大背景下，故事显得重要而贴切，理论贡献不言自明。

再看第二篇文章《能力从哪里来》。

能力从哪里来？有什么用？需要考虑下面三个方面：

（1）能力涉及资源的配置和应用。

（2）能力的演进取决于"自然（被动）的基于经验的学习"和"有目的之投资决策"之间的互动。

（3）能力在外部要素市场上难以模仿和获取并因此具有生租可能。

针对印度软件业，作者区分了"客户特定能力"和"项目管理能力"。前者具体，后者通用。

该文重点检验如下假设：

假设1：基于与客户重复交易的具有客户特定性的能力开发与项目绩效正相关。

假设2：高水平的项目管理能力导致高水准的项目绩效。

结论：能力的类别（具体和通用）和来源（基于经验的学习和投资决策）因情境不同而不同。能力的改进对于项目盈利的边际贡献亦是因不同的情境而不同。

如果二者只能选一篇给学生读，我倾向于第一篇。首先，再次强调，青睐作者人数少的文章。其次，第一篇更加优雅精致。

资源的再配置

学术研究在一定程度上就是以文献为基础，以现实为借口，以数据和现有理论为素材，以期刊为平台，对不同的相关要素进行的组装与再组装。能够发现文献中的疏漏和误区需要功夫。能够把原本貌似不相干的元素相对令人信服地组合在一起也能偶入佳境。

当年李世民采用科举制，天下人才，尽入囊中。如今全球各国学者蜂拥而至的美国管理学会有很多的分会，比如战略管理分会（原先叫 BPS，现今叫 STR）。为了选拔人才，战略管理分会每年都会有博士生训练营（doctoral consortium），把即将进入工作市场的三四年级的博士生拢到一块儿培训。这其实是一种人才选拔机制。这一期（届）的毕业生集体亮相，准备出师入行。

每所学校都有名额限制，如果某所学校博士生多，比如当年的得克萨斯农工大学，可能每年要招 5 个博士生，就得给学生排序，派一两个去参加。由于各种原因，UT Austin 的同期小伙伴就剩下我一个人了，于是，1993 年我代表 UT Austin 去了当年的博士生训练营。那一届出了几个如今非常有成就的。比如法国巴黎高等商学院的 Rudy Durand，西班牙的 Javier Gimeno，美国的 Tim Folta。当然，还有 James Westphal，他在西北大学凯洛格商学院刚上完一年级就被 Ed Zajac 推荐进营了。

Gimeno 和 Folta 都是普渡大学的。前者师从 Carolyn Woo，后者师从 Arnie Cooper，都做战略和创业研究。Folta 人很好。1994 年毕业后，他先到肯塔基大学晃荡四年，而后返回母校普渡大学任教，六年后（2004

年)升任副教授,获得终身教职。2013年转至康涅狄格大学,坐上了已然退休的 Michael Lubatkin 曾经占据的讲席教授席位,进入大佬行列,后出任战略管理分会的主席。

Folta 在普渡大学有一个 2012 年毕业的博士生,俄罗斯人,Arkadiy Sakhartov,南乌拉尔大学的机械工程学士。关键的是,Arkadiy 的第一个工作单位是沃顿商学院。自是令人刮目相看。就像后来从明尼苏达大学博士毕业后先去圣路易斯华盛顿大学后去沃顿商学院的 Zeke Hernandez。我猜测一个关键的因素是他的题目很符合沃顿商学院对公司战略的偏好。如今,他转至伊利诺伊大学巴纳-香槟分校(UIUC)了。在沃顿商学院获终身教职可不是那么轻松的。当年 Connie Helfa 和 Anne Knott 这种美国学术界翘楚都没能留下,外国人就更罕见了。这方面,沃顿商学院的印度裔或者犹太裔的学者表现优异。

Folta 和他的俄罗斯学生集中发表了几篇关于资源的再配置的文章,有些跟实物期权相关。他们最漂亮的卖点,是把有限相关多元化中现有资源间的相关性和资源在未来的可再利用性捉对比较。该相关性涉及现有资源间的瞬时相关性和协同作用优势。可再利用性则是现有资源可以相对顺畅、容易地应用到未来产品和市场的特性,讲究的是资源的现有价值与未来用途之间的(跨时段)相关性和协同作用。

其理论基础之一,则是 Helfat 和 Eisenhard(2004 年)提出的新概念"跨时段范围经济"(intertemporal economy of scope),它与鲁梅尔特(Rumelt)的传统的相关性假说所基于的"同时段范围经济"(intra-temporal economy of scope）相对。Folta 和 Arkadiy 能够快速地捕捉这个概念并诉诸实证研究，大力赞扬资源的再配置，也在文献中留下一笔，就像稍早时期 David Sirmon 和 Hitt 等人推动"资源调配"（resource orchestration）的研究一样，是一场小的运动。

说到资源的再配置，基线当然是资源的配置。先有配置，而后才有再配置。无论是配置还是再配置，都是企业的管理能力，是动态能力的一种，区别于运营能力、平常能力或者特定的生产性资源。

具体的资源和能力，与配置和应用资源的能力，它们二者到底是否具有协同抑或互补效应呢？

令人略感惊奇的是，Marco Huesch（2013 年）给出的答案是否定的。他发现，二者对于绩效的影响是独立的，没有协同作用。并不是说，配置和应用资源的能力强就会增进生产性资源与能力的效用。采用手术行业的样本，他发现手术技术本身的质量和手术过程管理的质量（医患协调和过程管理的质量）对于手术绩效的作用是独立的。一方的提高并不显著地影响另一方的作用。但是也有极端情形。在手术技术极差的时候，好的过程质量也没有显著效果。在极好的过程质量情境下，手术技术差的边际效应也不显著。

你不相信这个结论？那你拿出你的证据来。研究的游戏就是这样进行下去的。放马过来！

组织管理研究赏析：组织智力与组织记忆

学术论文的写作，尤其是在如今产业化写作与发表流行的时代，应该条理清晰、层次分明，而且生动有趣，能够让受众对题目感兴趣并迅速地抓住核心要义。即使是知识分子与专注于读书和思考的学者，也会越来越多地对那些高深晦涩的写作望而却步。

记不清是哪位战略管理学大家说的，如果一个人写得好，即使他说的是错的，大家也愿意相信。毫无疑问，写作是很重要的。尤其是靠码字吃饭的人，当然也就包括所谓的"不发表就死定了"的学者。文笔好，有各种类型。有的严谨干净，有的活泼有趣，有的充满哲学底蕴、思辨色彩、无边的想象力且能启迪思考，有的则是具有超强的画面感、渲染性和罕见的情感亲和力。

我们有一门给硕博新生开的论文写作课，帮助他们快速上手。其实，写作本身是手艺，需要手把手地传授。光上写作课是教不出来的。当然，教也是大面上的。就像金融学教授给你讲财富管理，讲的是总体趋势与规律，不是个体的实操与应用。据说当年北大中文系在新生入学第一天给的警告就是"这里不是培养作家的"。

我在读博士的时候,导师光改我的英文文字就得下很大功夫,更别说内容和创意了。自己当了老师,才真正地意识到当年恬不知耻地偷了导师多少时光。想必导师当初也是恨得咬牙切齿吧。我在得克萨斯读书时有一位师弟,他给我讲过一个故事。他跟的是系里的另外一位导师,主要研究战略内容(strategy content)。有次,这位师弟写了一篇AOM的会议文章,因为涉及战略过程(strategy process),于是找我的导师请教。我的导师看了文章之后说,他的这篇文章貌似有两个话题,二者之间缺乏联结。然后我的导师上手写了一个精彩的桥段,两个话题合二为一。于是,他把我的导师列成了他论文的第二作者。一段之师,传为佳话。

我一点儿都不惊奇,我的导师一向是以推崇整合著称的。所以,文字也许只是一方面,是表象和工具,背后的功夫和学养才是灵魂支撑。虽然技法可以破解,经验可以积累,但写作乃是一个整体有机的现象。

学问好和文字好的学者不在少数。如果作品又同时具有思想深刻性和阅读愉悦性、高级而好玩的话,那就没几个剩下的了。马奇、明茨伯格、菲佛、Bill Starbuck,还有卡尔·威克!

说了这么多,其实都是为卡尔·威克做铺垫。今天要评介的两篇文章,关于组织智力和组织记忆的,都与卡尔·威克有关。而且两篇文章都引用了卡尔·威克的一些名言。

一个组织是由正在思考的思考者所思考出来的一组思考。(An organization

is a body of thought thought by thinking thinkers. Weick, 1990）这句话太棒了！这是 Mary Ann Glynn 在 Innovative Genius⊖中引用的。

另外一篇，也是发在《管理学和评论》上的，题目是 Organizational Memory⊖。

惺惺相惜。Jim Walsh 在这篇文章 1991 年发表时的工作单位还是达特茅斯大学塔克商学院（Dartmouth Tuck），而发表当年就转至密歇根大学，投奔卡尔·威克去了。至今坐镇密歇根，尔来近三十年矣。我到得克萨斯大学读书的时候，卡尔·威克刚刚离开得克萨斯大学转入密歇根大学，没有机会得以亲自聆教于这位令人向往的学界前辈。

两篇引用卡尔·威克观点的文章，一篇讲组织智力，另一篇讲组织记忆。二者的一个共同文献基础就是卡尔·威克关于信息处理、解释和意义营造的论述，尤其是 Daft 和卡尔·威克（1984 年）关于"组织作为一个解释系统"的论述。组织智力也好，组织记忆也罢，从分析单元上来说，都有一个从个体到组织的递进过程，有平行，有集合，有跨越，有交叉。二者写得都很有层次感和系统性。也许是先入为主，如果只能选一篇作为写作课的讨论对象，我可能会倾向于选关于组织智力的这篇。

其一，这是单一作者的文章，写作风格更加纯粹、一致。其二，这篇文章确实非常干净。条理清晰，层层递进，没有废话。而且选的情境

⊖ Glynn M A. 1996. Innovative genius: A framework for relating individual and organizational intelligences to innovation. *Academy of Management Review*, 21（4），pp.1081-1111.

⊖ Walsh J P, and Ungson G R. 1991. Organizational memory. *Academy of Management Review*, 16（1），pp.57-91.

也很有趣。她把组织智力和组织创新巧妙地联结在一起。

先看讲组织智力的这篇文章。广义的组织科学研究，通常是将微观的组织行为与宏观的组织理论打通，研究的现象也是覆盖了个体、小组和整个组织等三个层面。讲组织智力的这篇文章也是如此，微宏结合，个体与组织对应。

个体智力是个体处理信息并因之应变和解决问题的能力。组织智力则是组织有目的地处理和理解信息并帮助其调整自身以适应环境的能力。个体智力与组织智力的联结机制与过程包括如下三种：集合、交互和制度化于标准操作程序之中。之后，作者将组织智力与创新进行对接。文风简洁，清晰雅致。

再看讲组织记忆的这篇，主要探究组织记忆的过程和归宿及其角色和功用。前者包括获取、保持和提取。后者包括应用、误用和滥用。显然，组织记忆受个体记忆的影响，受外部环境变化的影响，也是组织设计的一组成部分。

条理清晰，层次分明，能够让读者很快抓住要点并感兴趣，乃是学术写作尤其是概念性文章写作所必需的基本功。

营销学研究启示：重要客户与跨界反转

营销的套路通常在于守正出奇。高端大气，低调奢华。中规中矩，绝不浮夸。张扬个性，独此一份。俯身亲民，跨界混搭。貌似不搭界的甚至对立的元素可以同时出现，而且圆满得体、上下熨帖。有些客户，即使商家从他们身上不挣钱，也得欢迎他们来。有些低端元素和片段可以通过包装转换立刻价值高升。营销，在坚守与颠覆间盘旋。

近两年没给英文班的 MBA 学生上课，有一阵子没有怎么追踪《哈佛商业评论》的文章了。该刊的主要问题，是每一篇文章都是单一要素至上。抓住一点，不及其余。讲忠诚，基本上就是忠诚决定一切。讲诚信，恨不得不诚信毋宁死。观点或概念新颖的话，倒是令人眼前一亮。大部分也都是老生常谈，相对机械。偶尔也有基于某本畅销书的作者摘要，以短文等形式出现。这些东西可能还相对系统一些。

谁是有价值的重要客户

最近（2020 年 3 月）在跑步机上听 Knowledge@Wharton 的播客，有一个印度的做营销的经理人讲了一个例子，引用的是哈佛商学院营销学教授 Sunil Gupta 在《哈佛商业评论》上发表的文章中的数据：某些企业，20% 的客户贡献了 200% 的利润！怎么回事儿？通常的 20/80 法则说，20% 的客户贡献了 80% 的收入或者利润。怎么可能 200%？很显然，另外 80% 的客户贡献了 –100% 的利润，也就是其集体利润总额是负数。

简单举例说，假如一个企业的总利润最终是 1 亿元，其 20% 的有价值客户贡献了 2 亿元的利润，另外 80% 的客户则导致了 1 亿元的亏损，于是 2+（–1）=1。这 80% 的客户实际上是在破坏价值。当然，这也只是从表面上来看。也许，没有 80% 的客户当分母，当托儿，当药引子，顶尖的 20% 也难以贡献其利润，或许企业也无法成就规模，分摊成本，搞定政府关系和社区关系，应对税收、就业与环保等棘手问题。

退一万步说，没有低端客户的存在甚至糟糕客户的存在，高端也显不出自己的高端，对高端的需要也就不会显得那么不可或缺，高端人士也不会愿意将数倍的溢价给企业，从而贡献超高的利润。

类似的利润结构现象，在供给商一方也出现过。大概在 10 年前（2010 年）就看到过一个数据，苹果公司一家的利润额，占整个智能手机行业利润总额的 130%。这意味着当时大部分智能手机厂家的利润是负的。

回到对营销的启示，问题的关键，是要找到那些有价值的客户。哪些客户才是真正的利润贡献者？哪些是真正的利润破坏者？哪些是既不贡献也不破坏利润的？在后两类当中，哪些是必须依赖的？哪些是可以剔除的？

数字时代给营销带来了新的手段和契机，也同时带来了相应的新挑战和问题。比如，一个企业可以通过人脸识别，利用以往信息判断客人的购买力和忠诚度，从而给以不同的关照。说白了，就是看人下菜碟。

谷歌的广告，现在就是看人投放。一对一，你也无法直接观测到别人的待遇。然而，将来你到店里逛游，别人可能一进门就有店员笑脸相迎，热情地提供贴心的导购服务。你一进门，店员可能与你保持5米的距离，矜持地职业微笑。

跨界反转的妙处

另外一个启示，则是关于产品线的跨界推广和创新。沃顿商学院的Jonah Berger发表在《消费行为研究》（*JCR*）上的一篇文章的主题是"反转"（trickle round）。讲的是通过直接地借鉴、改装和拔高，将原本的低端产品变为高端产品。

大家都知道"向下渗透扩散"（trickle down），说白了就是漏斗效应。高端引领潮流，中端效仿跟风，最终低端甩卖论堆儿撮。某些潮流性产品，一开始在精品专卖店出现，后来在大众名牌店出现，最后普及到沃尔玛和杂货店。

但从低端往高端走的反转，可能就不通过中端的向上拱探，而是由低端直冲高端，或者说高端直接从低端攫取素材，将其高端化和潮流化。于是我们看到一些本来不搭的搭配。

最早的例子是牛仔裤。这是矿工的工作服。在20世纪90年代当

Cindy Crawford 等名模穿了出自某些设计师之手的上百美元的牛仔裤时，这种原本低端的工作服，便立刻成了高端时尚界的一个跨界奇葩。

类似的例子还有某些高档餐厅用（印象中低端的）炸薯片配（印象中高端奢侈的）鱼子酱或者鹅肝，用龙虾配传统低端常备的奶酪通心粉。这还算比较有些品位的。

要不然，你就想象一下，在路边摊儿上，拿大个儿的澳洲龙虾切块儿烤串！嘴对嘴儿吹茅台。边吃边撩起 Armani 或者 Burberry 的 T 恤抹脸擦汗或者揪起来当扇子扇，黑天儿也不能摘了满是哈气的 Ray-Ban 墨镜。

对基础学科的借鉴：以社会学和心理学为例

社会学研究：高调的隐匿

社会学对于管理学研究影响深远，尤其是在组织管理的话题上，比如社会合法性与形象管理。无论百年老店如何基业长青，企业的寿命在历史长河中仍然是相对短暂的，不可能流芳百世抑或遗臭万年。企业与其利益相关者基本上是活在当下的。如何打理自己的形象与声名乃是企业管理的一个重要挑战。有时高调张扬，有时避免声张。需要的是考虑周全的适度收放。

战略在于取舍。这种取舍包括战略姿态与内容及其显露和操纵本身。什么时候大张旗鼓，什么时候销声匿迹，什么时候虚实结合，什么时候声东击西，皆是需要有意识地摆布和情境性地拿捏。

碰巧，最近（2020年3月）看到的在《管理科学季刊》(ASQ) 上发表的一篇题为《战略噤声》[1]的文章，值得回味：战略性地保持沉默，有

---

[1] Carlos W C, and Lewis B W. 2018. Strategic silence: withholding certification status as a hypocrisy avoidance tactic. *Administrative Science Quarterly*, 63（1）, pp.130-169.

意识地噤声、避风、消噪、隐匿。形象管理。合法性。装作不装。

文章选取的情境也很独特。企业如果得了表扬或者取得了某种名分的成就，什么时候不去声张？甚至还要主动地避免被大家提及和惦记？如何战略性地保持沉寂，从而避免招致不必要的关注甚至更加麻烦的挑战与质疑？

有些酒庄通过有机产品鉴定却不宣扬。宜家用符合森林保护协会鉴定标准的厂家的木材但并不刻意宣传。某些酒店符合生态旅游的鉴定标准却只字不提。总之，很多企业获得了环保与可持续性的相关认证，却不愿声张。为什么？

这篇文章正是要为这些问题提供答案。文章的直白回答就是"不装"，抑或故意假装不装。说得正式一点，是为了避免被认为自己"虚伪"。于是，就有了所谓的战略沉寂或曰战略噤声。

作者实证研究针对的现象，是大型上市公司对于自己获得"道琼斯可持续发展指数"（Dow Jones Sustainability Index，DJSI）认证的宣传力度。为什么有些企业避免大张旗鼓地宣传？获得认证是为了保持合规与增进合法性的一种形象管理。旁观者所感觉到的虚伪，源自被观察主体所声称的和实际的行为不符。一个主体（个人或组织）必须考虑基于虚伪的宣传可能带来的收益，以及一旦露馅儿所必须承受的名誉损失和所有的相关成本。当损失的成本极小的时候，自然会有不要脸的张扬。

具体而言，组织是否大力宣传获得某个认证，主要取决于三个因素：

一，组织在某个特定领域的声誉如何。二，认证本身是否具有合法性。三，组织是否在认证的领域里面临声誉威胁。

一个组织在某个特定领域的声誉越好，旁观者对其在该领域的审视标准则会越苛刻。当两个组织做同样的宣传时，如果有同样程度的不符和虚伪，在该领域声誉好的企业通常会受到更大的惩罚和威胁。

一个新的认证，大家还不太清楚，不好细追。一个既定的具有超强合法性的认证，大家都很清楚。在这种场合嘚瑟，基本上是找死，往枪口上撞。

当一个组织遭遇的声誉威胁恰恰发生在自己获得认证的领域时，该组织通常是不会大力宣扬甚至提及它在该领域获得的认证的。这时，它的实际行为与认证本身的不符更加凸显，会直接导致并增强大家对其虚伪的感觉。

宣传就是形象管理。形象管理必然有所张扬，有所舍弃。是不是所有的奖都去拿，所有的奖都去显摆？也许大可不必。什么奖都拿，来者不拒，时间长了，大家看到你晒这奖那奖，可能不是"羡慕嫉妒恨"了，很可能就是咬牙切齿了。

一个组织中，某个人总是得各种奖，很可能是他极其喜欢去申请各种奖。一个企业或者组织，每天热衷于不懈地宣传自己获得的各种认证和奖励，会令人觉得它心虚和缺乏底气，要么就是通过获奖来掩盖猫腻。

有些时候，某人或组织在某个奖项上被发现有问题，很可能会引起大家质疑其在其他领域获得的奖项甚至"获得"的所有奖项。即使是合法的奖项，也会被人认为是掺了假的或者兑了水的。

君不见，有的社会责任奖获奖企业瞬间就成了打假的对象。光鲜与龌龊齐飞，名头共虚伪一色。可能某些地方光鲜，其他地方龌龊。宣传名头的时候，一不小心就把虚伪给抖搂出来了。实诚抑或虚伪，得悠着点儿。

冯仑曾举例子说，老北京人为了不招人嫉富，通常都是在后半夜吃肉。而有的暴发户则是天不擦黑儿就开始炖肉，满院子飘香地显摆——实在是忍不住呀，要不别人咋知道他家富了呢？！如今，演员晒博士学位，晒得社会责任奖什么的。冷静。谦逊。

心理学研究：上瘾的行为机理

人为什么会上瘾？这是一个心理学研究的重要话题。如何使人上瘾并从中获利乃是一个管理学和营销学研究的商业话题。上瘾是为了解除某种焦虑。获利自然是要基于造就和诱发焦虑，尤其是使焦虑从难以启齿的个体私密感受转化为社会化的群体性问题。

人为什么会上瘾？可能是内部潜力驱动的，也可能是外部因素诱发的。上瘾可能是社会化的运动，也可能是个体或者少数群体的特殊行为，亦可能是内外因素的交叉互动。激励人之行为的利益和信仰，可能需要一定的意识和思考。上瘾，可能完全不可通过自己的理性和意识来控制。

从心理学的角度来揣测，也许所有的人的行为都是为了解除某种焦虑，实现缓解和释然。子曰：食色性也。这是最基本的人类需求。吃喝是为了解除饥渴带来的焦虑。弗洛伊德学说的核心，就是力比多。按照他的逻辑，人的行为主要就是由性冲动驱动的，就是为了解除性焦虑。

上瘾与解除焦虑的渴望

脑科学的进展表明，对于某些渴望的东西的期盼驱使人做出某些行为。人的行为的目的并不一定是得到期望的东西本身，而是解除由期盼带来的焦虑。这一点，在阅读《上瘾》（*Hooked: How to Build Habit-Forming Products,* Nir Eyal and Ryan Hoover，2014）这本书时，感受尤为强烈。

该书作者之一尼尔·埃亚尔曾供职游戏公司和广告行业，在斯坦福大学商学院教过消费心理学。书中提及心理学和脑科学的文献，也有大量的相关案例，尤其是 Google、Twitter、Facebook、Pinterest 等在网络时代的案例。该书开发了一个小框架，解释上瘾：诱导扳机、行动参与、变换奖励以及不断投入而形成习惯。行文流畅，逻辑清晰。作为畅销书，堪称典范。作为学术文献和思考辅助资料，略微失之简单轻浅，缺乏深入挖掘和系统构建，但对于非心理学专业的人士仍然颇具启发意义。

每章之后都有精简得体的总结。要点如下。习惯：没有或者很少有意识的行为。获取、数据、速度三者的结合使习惯之形成日益便捷。习惯区域：由足够的效用和足够的发生频率组合成的行为区间。习惯的形成：开始时是"要是能拥有就好了"，最后是"不可或缺的，必须拥有"。

最精彩的也许是对变换奖励手段与组合的讨论。其背后的机制是通过奖赏来操纵行为并形成习惯。奖励一旦成为常规的或者可以预测的，便会失去魅力。越是变幻莫测，越是让人抓狂，不断地去试。老虎机就是这样。你不知道什么时候会中奖。奖励可以是通过跟他人比较而获得社会性的满足，通过寻宝而获得物质上的满足，通过自娱自乐而获得对自我能力的肯定的满足。

2011 年，我从 115 公斤减到 88 公斤。少吃多动。保持了两年多。虽然身材顺溜几许，总体没有什么好的感觉。每日饥寒交迫，缺乏能量。尤其是大脑缺乏燃料，无法思考。这是我的职业所不能允许的。当时减肥，主要是靠意志以及转移注意力。减肥本身不是事儿。然而，一旦觉得减肥有损思考，就自然地开始意志松懈，觉得不值。原来的习惯死灰复燃。

戒酒两年，开始回潮。2013 年夏天之后，也不是因为任何应酬，只是自己想喝，每晚一两、二两，自斟自饮，犒劳自己。加上黄飞红麻辣花生佐酒。能量有了一些。开始恢复写作。于是有了 2014 年的《管理的境界》。也许，真是能量的问题。

当然，回头想一想，另外一种解释是，对于小酌本身的渴望可能远远大于饮酒本身带来的快感。真正渴望的时候，就是习惯性的程序，顺藤摸瓜，尤其是从第一杯到第二杯，并没有多少十分直接的满足。最刺激的是开车回家的路上对于小酌的想象和期盼。真正的饮酒不过是对这种由期盼而造就的骤然提升的焦虑的尽快解除。

从观察到的对小孩子的教育（训斥）而言，当家长惩罚孩子的时候，要么声嘶力竭，要么苦口婆心，说的都是各种道理。你这样下去，如何如何。你再这样下去，我们将怎样怎样！记住了吗？还敢这样吗？！这时候，小孩子无论说什么，表现好还是表现差，基本上是不过脑子的。他要是会认真地思考大人的话语，考虑以后结果怎样才见鬼呢！他考虑的，首先是如何让现在的窘态迅速结束，如何摆脱现有的使他焦虑不悦的场景。

无论是利益、信仰还是上瘾，最终都是因为相应的期盼不能被满足，尚未满足、不够满足所带来的焦虑才激发了人的行为。与其说人的行为是为了寻求满足，不如说主要是为了解除由期待满足而带来的焦虑。也许，这个结论过于草率偏颇，需要进一步的限定和修饰。

由上瘾推测习惯的形成与功用

上瘾，可能就是因为利益或信仰导致的持续重复的行为模式。为某种理想奋斗终身，就是一种上瘾。因为信，所以爱，所以为，所以行。一旦瘾头儿成为习惯，就不再需要分析和理解，当然也就不再需要怀疑和改变。当然，也有些上瘾的起因是相对无辜和偶然的，结果是自残甚至自戕，但实际的过程很自然，就是忍不住要将上瘾的行为持续下去，已经不再需要理由和信念。比如，由于被施暴而造成某种特定的性取向或者行为模式。

我经常举的关于习惯的例子，是谷歌老板拉里·佩奇经常说的"牙刷法则"。也就是，一个公司的产品要像牙刷一样，每人（或者说文明人）每天得用一两次（甚至更多次），而且是自动的，不用思考就要做的。谷歌的搜索和它的安卓系统支持的手机，基本上是符合这个法则的。

习惯也有个选择问题。刷牙自然是不需要选择的，是近乎自动的行为。而在周六晚上是定期聚餐、看电影、打游戏、参加读书会、举办家庭沙龙，则是需要选择的。某些人每周六晚上打保龄球，某些人在固定的时候去听音乐会，这都是有选择的习惯。此时的习惯，通常是一种"嗜好"。

可以说，任何的习惯性行为都可能会有负面结果。因为习惯一旦被信奉和坚持，就可能变得不可或缺，甚至被拔高到不可替代的状态和地位。在无条件刷牙的地方坚持刷牙，就可能引发其他意想不到的问题，比如在战场上误事儿。

极端情况下，某些坚持不化妆不出门的人，可能遇到地震海啸也要先化妆再说。休斯顿东南方的加尔维斯顿地区经常有飓风出现。政府要求潜在受灾地区疏散，每次都有人因坚持不疏散、拒绝离开自己熟悉和习惯的场景与生活方式而丧身。这种坚持完全不是出于信仰或者自身利益（当然这里指的是终极利益：生命本身的完好）。

有些雅好，所谓高雅的嗜好，其实也可能会演变成恶习。比如收藏。一旦某种习惯和嗜好被无限放大到畸形的状态，都堪称恶习，因为不再自然。有些发烧友狂热地认为水电比火电给音响带来的效果更好，于是非得搬家到用水电的省份和地区。我曾经耗费10年收集了五六千张古典音乐CD。现在想想，也是病态。说得好听一点，是干啥有干啥的样儿，专注。

《王者荣耀》一度成为小学生的挚爱。"谁不让我玩，就是跟我过不去！"这是上瘾的可怕之处。人在上瘾的时候是不讲理的。进入上瘾状态，没有理性可言，只有情绪和偏执。不知道是被自己绑架还是被别人绑架。最不幸的大概是在没有成年或者没有独立行为能力（养活自己和家人）之前就被某种不良瘾头儿操控。当然，成年之后甚至成家立业之后又倾家荡产的也屡见不鲜。

让人戒瘾或曰"去上瘾化"的方法，大概最可靠的就是有新的"可替代"的活动。人类社会几乎所有的问题都不是"就事儿说事儿"能解决的，大多数情况下都是用一个新的问题替代一个老的问题，用一个新的兴趣替代一个老的兴趣，用新的上瘾替代老的上瘾。是的，上瘾是可以被替代的，就怕不能自拔。

有时可能还是需要干预的。

孟母三迁，说的就是最早的学区房概念。改变环境，改变接触的人和事儿，改变生活和学习习惯。一个人在一生中，没什么癖好、嗜好，没有习惯性地深度沉迷于某种事情，大概也很无趣。过分沉迷于单一的瘾头儿——对于全面发展的充实而丰富的生活具有破坏性的瘾头儿，注定是有害的。如何在不同的人生阶段拿捏好相对的平衡，这也是理性地任性的一种挑战。

也许，一个人的嗜好，既符合他的兴趣，又能展现他独特的超强的能力，同时又带来他人的赞赏与鼓励，那可能就是幸福了。Maxim Vengerov 四岁的时候就学习小提琴，自己喜好，乐此不疲。一辈子拉琴。明星。鲜花。掌声。金钱。一辈子吃香喝辣。也许善始善终，当然，也许中道崩溃、幡然醒悟。那么多有趣的事儿呢。

在商业领域，腾讯的QQ是令人上瘾的，微信也是令人上瘾的。其实，最令人上瘾的还是游戏。腾讯的商业模式和盈利模式是很清晰的。从佩奇的牙刷法则到各种有关痛点和黏性的说辞，商家们千方百计地试图挖掘使人上瘾的秘诀——如何打造使人上瘾的产品和服务。

对上瘾这件事儿，心理学的研究太多了。作为一个外行，我自己也想剥离既定的文献做些独立的思考。在当今数字时代，使人上瘾的而且具有商业意义和潜在价值的活动，既私密个性化又群体互动化的，大抵有如下几点共性：

（1）身心上的立刻即时满足。

（2）即刻的回馈。

（3）情感上的通透愉悦。

（4）社会化和群体化的互动与气场。

（5）不断地升级以及随之而来的荣耀和自尊。

CHAPTER 5

第五章

学术研究方法论：赋能与约束

THE
PARADOX
OF
MANAGEMENT
RESEARCH

科学研究的一个实质性和标志性的特点就是对科学方法论的使用,尤其是对实证主义研究传统的认同和践行,包括重复进行的可以证伪的比较实验。当然,理论构建与呈现的方法多种多样,从归纳到演绎,从模拟到推理,从模型到框架,从定性描述到定性分析。研究者个人的价值偏好以及背景无疑会影响其研究设计以及对不同方法论的应用。对不同方法论的应用也会直接地影响研究的过程与结果以及相应的解读与引申。通晓不同方法论的长短优劣及其适应性并具有相应的驾驭能力乃是学术研究者必备的重要基本功。

研究者的价值取向与先验预设

一个研究者的价值观不仅会决定其选题范围与关注点以及研究问题的立场和倾向，也会影响他对不同的方法论的选择与应用。社会科学研究尤其如此。可以想见，我们的研究结果也自然在某种程度上映射了我们的价值取向（ideological inclination），隐含着某些先验预设（presumptions & default）。不管有没有明显的意识，我们也许是在找我们想找的东西，而并不一定是客观地去寻找实际的真相。

与许多社会科学研究类似，管理学研究也往往受到研究者的价值取向和先验预设的影响。这些影响可以在一个研究者的整个职业生涯中持续，也可以在某些关键节点（比如重大事件的发生或者关键证据的出现）有所改变。当然，对于很多人而言，学术研究不过也是一场游戏。如此，在有些情境下，出于游戏规则的要求和对发表难易程度的考虑，研究者也会改变自己的价值取向和先验预设或者选择某种适合该特定情境的预设。比如，就像在一场辩论赛中正反双方进行较量时，被分在正方一组的辩手也许自己内心有同情反方的价值取向，但也要改变自己的先验预设，从而方能胜任扮演正方角色的任务。

你说 A 与 B 的关系是负相关，他说 A 与 B 的关系是正相关。他相信 A 不好，你认为 A 不错，你俩貌似都说 B 很重要。

后来出现了第三者，说你俩都是以偏概全，其实 A 和 B 的关系是 U 形的（如果不够平滑则是 V 形的），先负后正。

第四者说，都不对。你们看到的现象，要么时间段不一样，要么样本过于独特，要么分析方法不够全面严谨，其实 A 和 B 的关系是倒 U 形的，先正再负。

第五者说，大家安静一下，有什么可争的呢？！你们看到的只是一个波段内的关系模式。如果用纵向时间轴的视角和方法，你们看到的 A 和 B 之间的关系在两个波段的情况下一定是 S 形的，抑或倒 S 形的；在多个波段的情况下一定是连续波浪形的。

第六者说，其实只是笼统地说 A 和 B 的关系是简单的波浪形的，虽然形象，但既不精准又不严谨。波浪也是有大有小、有高有低、有长有短、有强有弱、有渐进演变和革命突变的，这种模式叫间断均衡（punctuated equilibrium）。

第七者说，这样只从纵贯的角度看问题仍然可能失之偏颇，因为忘却了 A 和 B 的关系背后的悖论与张力，其实 A 和 B 的关系在同一时段的不同维度、不同侧面、不同层次可能同时存在实质上抑或表象上完全相反的走向和模式，这就叫"同时的一体双元"（simultaneous ambidexterity）！

第 N 个研究者说，A 和 B 的关系取决于 C 的水平、D 的变化、C 和 D 的同时变化，如此等等。

每个研究专题和潮流大概都可能会经过这样一个在文献发表与积累过程中的演变周期，有的按部就班，有的跳跃迷离。也许，当一个问题还没走完一个完整的研究和发表生命周期时，大家的注意力就已经转向新的问题。比如，不管是否已经理解透彻，大家已经不再关心 A 和 B 到底是什么关系，甚至不再提及 A 或者 B。大家关心的，是 X 和 Y 在 M 或者 N 的情况下会有什么样的不同模式的关系。H 和 K 的调节作用到底在哪里？是否需要 E 和 F 作为中介，S 和 T 作为 X 的工具变量（IV）？

这时候，连界定 X 和 Y 本身是什么都可能是构建理论概念并做出重大贡献而名留青史的契机。虽然很可能 X 就是过去大家熟识的 A，Y 就是曾经公认的 B。

说白了，如今的社会科学研究，真知灼见极少，充斥于文献的，主要就是一些似是而非的文字游戏、连篇累牍的概念堆砌、缺乏前提的意念构想、没有边界的臆想规律、大而无当的分析框架、证据不足的学说义理。显然，这么概而言之地总括与夸张肯定是武断粗暴的，打击面超大。

你用积极浪漫的眼光看世界，世界充满生机活力，合情合理。你用冷峻直白的态度看人生，一切皆是机械游戏，没有意义。浪漫与直白，这是人生世事的 DNA，双螺旋交响曲。不能太清醒，不能太疯魔。

理论贡献的呈现方式与理论的构建方法

学术研究结果的呈现方式各异，体现了理论构建方法的不同，同时丰富了理论贡献的内容与类别。这些方法既相对独立，又相互关联、交相辉映。选择适当的研究手段和结果呈现方式对于个体研究者的学术发表来说至关重要。对于整个管理学研究而言，多种手段与方式的共存共生既带来了丰沛的活力，也带来了聚焦的挑战，亦即能否聚焦于管理学核心问题、聚焦于管理实践的挑战。

理论贡献的呈现方式

2017年12月底，我在北大参加了一个有关战略管理在中国发展的讨论会。作为发言者之一，我提出了一些基本的问题和猜想，与同事进行了初步的交流和沟通。当时我讨论的话题之一就是理论贡献的呈现方式：假说、构念、分类法、理论模型、视角方法、研究框架。

假说。有些假说非常具体，对它们的研究兴趣可能转瞬即逝，或者它们只在某些特定话题下会被提及或者使用。有些则较为宏大，而且理论意义较强，后续延绵不断的验证与拓展使之成为经久不衰的研究专题。

比如，在多元化战略的文献中，钱德勒的"结构跟随战略"的假说以及鲁梅尔特的"相关性假说"。由于长期的证据基本倾向于支持这些假说，这些假说本身其实在某种程度上至少被当成初步的结论甚至信条。这也许正是我们说假说本身就是理论贡献的重要理由之一。

构念。正规的学术构念在初创之际有明确的和相对精准的定义。由于其直观的吸引力以及本身的相对可拓展性，构念可以在后续的使用过程中得到多样解读和修正，从而具有广泛的影响。比如普拉哈拉德的关于"主导逻辑"（dominant logic）和"核心竞争力"（core competence）的构念，以及科恩（Cohen）和利文索尔关于企业"吸收能力"（absorptive capacity）的构念。

分类法。这也许是大家最喜闻乐见的一种理论贡献呈现方式，尤其是对学术圈以外的受众而言，因为它显得有系统、章法而且容易记忆和套用。比如著名的马斯洛需求层次理论，采用的其实是（纵向）多层级的分类法。再比如，迈尔斯与斯诺的基本战略分类法（Miles and Snow Typology）则是横向并行的甚至是殊途同归的分类法。

理论模型。在很多学者眼里，这也许是最精准也是最高级的理论贡献呈现方式。尤其是数量化的模型，貌似更具科学性和客观性，可以相对精确地阐释和预测现象背后不同相关变量之间的关系。然而，精准的模型往往需要严格的假设和边界条件。比如，金融资产定价模型（CAPM）以及博弈论中的多种理论模型。这种贡献，在管理学领域相对少见。早期关于多元化与风险之间关系的研究（比如涉及均值和方差的测度以及倒 U 形曲线的关系）接近此类模型，但主要是较为初级的假说检验尝试。

视角方法。能够提出某种特定的新鲜的视角和方法来引导大家重新审视和应对研究问题与素材也是一种重要的理论贡献。也许，是基于某种学科背景，比如基于金融学的实物期权，或者是基于某种基本道理，比如承诺学说，抑或是基于某种总括性的观察与总结，比如动态能力视角（这一视角强调了一种思路和精神，亦即企业自身条件与外部环境之间的动态契合）。

研究框架。相比于上述的理论模型，研究框架则是相对宽泛和松散的，并不一定是不够严谨，而主要是不够精准细致。研究框架通常是对上述的某个视角或方法的具体应用，能够从基本维度和系统层面勾勒相关的关键因素及其关系的大致方向。比如，基于产业经济学实证研究所提炼的"结构–行为–绩效"（SCP）框架，基于 SCP 的波特五力框架，以及资源本位企业观（RBV）中的"价值–稀缺–模仿–组织"（VRIO）分析框架。

理论的构建方法

巧的是，相似的工作也在国际主流的战略管理学研究社区得到重视。2018 年第 6 期的《战略管理期刊》乃是关于战略研究理论构建的特刊，开篇是客席主编的介绍文章，由 Richard Makdok, Richard Burton, Jay Barney 共同执笔，先提出一个界定理论贡献的分类法框架，然后介绍专

刊文章。㊀

针对经典话题"什么是理论贡献?",该开篇可谓新时期的再一次总结。Murry Davis(*PSS*,1971)的"那很有意思!",David Whetten(*AMR*,1989)的"理论是什么?"和 Sutton 与 Staw(*ASQ*,1995)的"理论不是什么?",以及卡尔·威克(*AMR*,1989)的"有规制的想象"都是比较富有建设性的原创性贡献。

三位在开篇中说得很中肯。一般而言,大的划时代的理论不是家常便饭。一般意义上的学术研究都是对现有理论的拓展和澄清,或者比较巧妙有趣的应用。因此,知道套路是很有必要的。该开篇的框架体系清晰,细节精到。总体而言,其框架包括研究的投入、过程和产出三大阶段。

研究的投入涉及战略管理研究的主要问题:为什么企业间有差异?企业如何表现?高管对企业的价值贡献是什么?

研究的过程主要涉及理论构建的抓手,包括理论构建的模式、研究现象的层次以及分析的层次、因果机制、构念与变量、边界条件。

第一,理论构建的模式,涉及演绎与归纳、静态与动态、正式与非正式、分析型与数据型等相对应的方式之间的关系和转换。

第二,研究现象的层次以及分析的层次涉及如下内容:引入新的或

㊀ Makadok R, Burton R, and Barney J. 2018. A Practical guide for making theory contributions in strategic management. *Strategic Management Journal*, 39:1530-1545.

者重拾被忽略的现象与分析层次，将现有理论应用到新的现象和分析层次，质疑某个理论对于某个特定现象和分析层次的有效性。

第三，因果机制涉及如下考量：引入新的因果关系链条，质疑现有因果机制的解释力和有效性，演绎不同因果机制的异同，综合调节变量与中介变量等多种因果路径。

第四，构念与变量涉及如下挑战：引入新的构念，质疑现有构念的信度与有效性，对现有构念再定义、澄清、拓展或者细化，转换构念的角色（前置变量、结果、中介、调节，等等）。

第五，边界条件涉及如下任务：昭示理论隐含的假设，揭示理论的内在冲突或不一致性，辨识不同理论之间的逻辑冲突，放宽理论假设以拓宽其应用范围，限制理论的假设以求得更为特定的解释。

研究的产出则体现为解释、预测以及建议：从新的理论获取初步的结果，从现有理论提炼不同类型的产出，用有趣的特例打造特定的产出，通过多种理论的融合制造新的产出。

无独有偶，若干年前，我曾经写过一系列关于创新路径与方法的文章。我想，类似上述文章中的大多数建议，先前讨论过的创新方法应用到管理学研究中的创新与理论贡献的突破似乎同样适用：模仿、替代、整合、拆分、对位、分层、挪移、嫁接、混搭、比兴……

不一而足，如此等等。

跨界研究：管理学与历史学

管理学历史不长。谈历史，给人的印象多是记载实践，对于管理理论的构建似乎不可能有即时的用途。在这个大家大谈理论而且急于发表的时代，历史似乎没啥大用处。好在现在有些重视历史的视角与方法了，虽然还只是浅尝辄止。

管理学，一个多世纪以来，主要受到心理学、社会学和经济学的影响。历史学，偶有交织，擦肩而过。2020年第3期《战略管理期刊》是历史学与战略管理的专刊。专刊客席主编在开篇寄语里说得很清楚，在战略管理领域正式构建之前，与战略管理相关的研究其实就已经打上了深深的历史学的烙印，钱德勒的《战略与结构》（1962）乃是基于商业史研究实现理论提升的范本。之后，钱德勒的《看得见的手》（1977）以及《规模与范围》（1990），则使商业史的研究更上一层楼，为经济学和商学的研究赋予重要启发，也对战略管理的研究影响至深。

正像钱德勒揭示的，商业史可以使我们从历史学的角度来审视历史情境下的管理实践并构建相关的理论总结。丹尼尔·雷恩（Daniel Wren）教授对于管理思想史演进的梳理，以及在下对于《战略管理学说史》的勾勒，也是一种历史观的应用。

历史学、历史观、历史的视角，对于战略管理学的发展，可能会有可观的贡献。下面主要评论一下该专刊中一篇本人较为欣赏的文章——《历史与动态能力的微观基础》。

虽然整个管理学界充斥的以"微观基础"为名头的运动已然庸俗到令人生厌的地步，但这篇文章还是非常机敏和应景的，不那么令人反感，反倒令人觉得比较讨巧和精致。

对于一个企业自身历史的管理，如何记录、解读和应用其历史，是一个企业的动态能力的不可分割的一部分。这个选题立意立马拔高了历史的地位和作用，同时充实了动态能力的内涵与细节。选题很重要。

常态下，研究就是对现有不同模块的组装。创造新的零部件和组装方法，那是划时代的事体。通常情境下，就是找个理由摆积木，换着法儿地对不同的现有模块进行组装。

动态能力学说的具体机制就是感知、抓取、重构。该文的作者们于是就把对企业历史的管理分类匹配给这三个领域。对待历史的态度和方法可以是过往客观的、当下解读的、未来想象的，相对于组织的竞争力，可以是实证的（应用客观的历史数据和经验）、修辞的（通过讲历史故事而调动和动员大家），以及未来导向的（通过回顾历史而引发对未来美景的畅想）。

如此，历史被定义为对过去的组织记忆、当下的解读、说辞、对未来的憧憬与想象，对应着感知、抓取、重构。接下来就是按部就班的演绎和水到渠成的假说。

该文第一作者 Roy Suddaby，乃是管理学研究老战士，曾经出任《管理学会评论》主编，写这种概念性的文章可以说是轻车熟路、不徐不急。选题太重要了！否则不好组装。

我也一直有个想法，跟企业的发展史和历史观相关，就是写一篇关于组织检索能力的概念性文章。不论它是动态能力的一部分，还是常规能力之必需，检索能力都是非常重要的。你怎么知道你知道什么、能干什么，而且能够在需要的时候快速提取并对接应用？没有检索能力，也许就无所谓什么动态能力。就像说相声的现场砸挂，即兴发挥和临机处置离不开现有能力的储存，更离不开快速之检索和提取。

卡内基学派：假设之真实可信与人物之风采

卡内基学派之真实假设

　　一个学术流派的诞生和传承有赖于诸多因素。因缘际会，璀璨群星。元气殆尽，各奔西东。或因思想，或因方法，或因个人魅力，或因意识形态，不管是基于任何单一的因素还是多因素混搭，学派的诞生总是由于有明星潜质和超强影响力的实力派的恰巧聚合，通常难以事前设计和系统规划。学派的生命力强弱，也在于其能否聚焦于一些真实的和基本的学术问题，能否与时俱进、不断更新。既有固恒的基础，又有图新的空间，斯是妙诀。卡内基学派的精彩之处，也许在于其基本假设的真实：有限理性。

　　管理学界所谓的卡内基学派，我是在20世纪80年代中期自己研读管理学文献时初次接触到的。当时只是模糊地听说，没有真正地了解。那时国内介绍较多的是加州大学洛杉矶分校的哈罗德·孔茨教授的"管理理论丛林"之说。孔茨教授的原文于1961年发在《管理学会期刊》（*AMJ*）上。他在文中罗列的主要学派包括过程学派、实证学派、人类行为学派、社会形态学派、决策理论学派、数理学派。

我当时读的应该是社科院工业经济研究所孙耀君教授翻译选介的材料，并没有去读原文，只是听说有所谓的"决策理论学派"。这算是对卡内基学派最早的认识。中文文献中对于西蒙教授学术成就的选介，那时也仅限于《管理决策新科学》和有关人工智能等方面的研究。后来，阅读原文才发现，孔茨的很多定名比较偏狭。比如，所谓的实证学派其实讲的是通过案例来归纳普适的管理原则。虽然西蒙等可以同时算入决策理论学派以及数理学派，但其理论并不是基于所谓的理性假设，而理性假设则被孔茨认为是决策理论学派的基础。

当然，孔茨对卡内基学派并无好感，在其文中直接点名批评马奇和西蒙（March and Simon，1958）对于计划与组织关系的处理不准确。我1989年在得克萨斯大学读博士的第一学期，曾问导师David Jemison对孔茨说法的看法。他说，对于研究而言，其实没什么用处。孔茨的课本当年曾是管理学教学的典范，类似萨缪尔森课本在经济学教学中的地位。

当然，西蒙对孔茨这种概念派也没什么好感。1990年左右，得克萨斯大学商学院各系博士生联合邀请西蒙到商学院演讲。我只记住了三件事。第一，他公开指责孔茨的"管理理论丛林"是无稽之谈。第二，他说如今信息爆炸，没必要每天看报纸，一年看一次年鉴即可。第三，他在我带去的他的某本中文译本上签名，用的是中文！但不小心写了错别字。

也记不清楚他当时说什么了，反正他的意思是管理的核心是决策，没必要故弄玄虚地搞得流派纷呈。他说，"那个写丛林的那个那个……"，似乎一时想不起来孔茨的名字。我当时觉得机会来了，得露一手，就马上搭茬儿说是 UCLA 的孔茨。以后我的世界里就完全不再有孔茨了，开始逐渐西蒙化！

其实，在第一学期上导师的"战略经典阅读"时我就接触过卡内基学派。一门课下来要读二三十本书，那时基本上是囫囵吞枣。对卡内基学派的理论精髓并没有多少理解，倒是对卡内基学派本身有了更多的了解和兴趣。

第二学期上战略内容（strategy content）与产业分析课的时候，老师是 Tim Ruefli，时任系主任。他在给三五个人的博士班上课的时候也是英姿飒爽、威风凛凛、目光炯炯、神情冷峻，拿着可伸缩的教鞭和激光笔。完全的教授派头！你可以质疑他，但必须知道你在说什么。

他是卡内基梅隆大学毕业的。1969 年毕业的博士。他进去的时候，校名是卡内基理工学院，出来的时候，已经是卡内基梅隆大学了。1967 年，卡内基理工学院与梅隆学院合并。所以，Tim 一张嘴就是卡内基理工学院如何如何。他本来学的是管理科学和运筹学，给我们上课的时候主要研究战略内容和产业分析。我毕业之后，他到楼上的 MIS 系里推广 IT 在管理中的应用去了。

Tim 的冷峻威严背后是热心柔肠。每个圣诞节他都会邀请一些外国留学生到他家里聚会。1990 年左右，那时 CD 对于不少人来说还是稀罕东西，我在国内根本没见过。他当时在如今名满创业界的 IC2 研究院有个办公室，有很多的数据库存在 CD 上。他把一些废弃的 CD 穿成串，挂起来，逗他家的狗玩儿。

非常遗憾，Tim 在 67 岁时不幸罹患脑癌，于次年（2010 年）辞世。其音容笑貌历历在目。那教授派头儿，真是教授。据说他二十多岁就到得克萨斯大学任教，披肩发，山羊胡。

还有一个细节可以展现 Tim 的严谨。Tim 去世后，我收到他生前助手的一封邮件，说在 Tim 办公室的书架上发现了我的博士论文，并问我是否要寄还给我。我说当然。于是我的论文被寄到北京。助手都这么细致，你想 Tim 得多精当。Tim 是我的导师委员会的五位委员之一。真是庆幸，有五位委员签字的 Tim 保留的那份我的博士论文，又回到了我的手中。缅怀恩师，心中无限感激。

当时，我们系或曰我们整个学院与卡内基关系最深的是 Bill Cooper。芝加哥大学本科毕业，哥伦比亚大学博士肄业。据说他与导师团意见不合，只身出走，再不回头。1946 年，卡内基理工学院创办 GSIA（工业管理研究生院）时，Bill Cooper 与 George Bach（首任院长）、西蒙等是创始教授。Cooper 和西蒙早年在芝加哥大学相遇。为了挣学分提前毕业，本科生西蒙跟年轻老师 Cooper 上课学习拳击。

Cooper 的专业是运筹学，他是线性规划方面的大拿。1953 年，Cooper 创立管理科学学会（Institute of Management Science）并当选首任主席。该学会在 1995 年与美国运筹学会（ORSA）合并，成为现在的 INFORMS。该学会的主要期刊是《管理科学》(*Management Science*)。我在 1991 年参加博士资格考试之前，曾到图书馆把该刊从 1954 年创刊开始的所有文章摘要浏览一遍，并把与一般管理和战略管理有关的非技术性文章全部复印下来。

Bill Cooper 后来是卡内基梅隆大学公共管理学院（现在的 Heinz School）的创院院长，后被哈佛商学院挖走，再后来到得克萨斯大学，任职管理学、会计学、金融学和管理信息系统教授，一直到其终老。Bill Cooper 很长寿（1914—2012）。据我导师说，Bill Cooper 在 90 多岁时还经常到学校上班。他换了胯骨之后走路困难，但坚持不乘电梯，从楼梯一级一级双手支撑着挪上去。别忘了，老先生年轻时做过拳击手，意志坚强。

使我真正理解卡内基学派理论精髓的是 George Huber 教授。他是我在得克萨斯大学上学期间唯一听过两门正式课程的教授。一门是关于组织理论的，另一门是关于管理决策的（我后来教决策课的时候一直沿用他当年用的名称：复杂组织中的决策（Decision Making in Complex Organizations））。两门课下来，对管理决策中的有限理性假设有了深刻的了解且很欣赏，也对社会学、心理学和政治学等相关学科的理论对管理学的影响有了更加清晰的认识。

Huber 教授的博士学位是 1965 年获得的（普渡大学），比我出生的时间还要早。老帅哥已然年过八十，风采矍铄，满头浓发，一丝不乱。我前几年访问得克萨斯大学，去系里听讲座时还碰见他。据说他每场必到，见面他还记得我。

原先对于 Hambrick 在其文中致敬卡内基学派没什么特别的感觉。

后来才发现，Hambrick 刚出道时做过基本战略分类法、PIMS 数据应用、环境扫描等各种应景时鲜的研究，直到 1984 年做高阶（upper echelon）理论研究才真正找到自己的抓手。毫无疑问，他是卡内基学派的真正受益者之一。严格意义上说，Hambrick 的学说和后来的"注意力本位观"（attention based view）都是卡内基学派的衍生理论。

原先没有明确地意识到，重读文献的时候才发现，Hambrick 的管理自由度（managerial discretion）一说，也是直接借用自威廉姆森（Wiliamson，*AER*，1963）！威廉姆森是卡内基理工学院毕业（1965 年）的博士。20 世纪 60 年代，是卡内基理工学院的黄金时代。是卡内基学派成为卡内基学派的时代。

为什么卡内基学派兴盛不衰？一个重要的原因，应该是其假设较为真实：有限理性。首先不装，从信息处理和行为决策入手，说到根儿上了。而且，卡内基学派的人很有风采和性格。不信，请看下边要讲的卡内基学派的 Starbuck。

卡内基学派的 Starbuck

在众多的管理学者中，Bill Starbuck 可谓出类拔萃、成就卓著，同时又天真、迷人。他不仅涉猎广泛，游走于管理学以及相关学科的多个领域，无论创意联想还是数量分析，无论概念能力还是数理技术，皆是超强。自傲与谦逊，投入与清醒，执着与怀疑，笃定与反思。一生追寻，持续修正。他是学界泰斗，也是学人榜样。谜一样的存在。

如前所述，在 20 世纪五六十年代，卡内基理工学院新星云集，辉煌璀璨。以西蒙、西尔特、马奇为首的学者创立了所谓的卡内基学派，用严谨的数理模型和新兴的计算机模拟等方法深入探究行为、组织与决策等方面的课题。

虽然是心理学家、组织学者和计算机专家，但西蒙在 1978 年以有限理性学说等贡献获得诺贝尔经济学奖。此前，他曾在 1975 年获得图灵奖。当时先后在卡内基任教的 Franco Modigliani、Merton Miller 和 Robert Lucas 等金融学家和经济学家亦是锋芒初露。三人后来均获诺贝尔经济学奖。20 世纪 60 年代中期的卡内基博士生中，Olly Williamson、Ed Prescott 和 Dale Mortensen 之后亦获诺贝尔经济学奖。

如果管理学也有诺贝尔奖，当年卡内基的学生中至少有两个可以作为候选人。一个是 1964 年获得博士学位的 Bill Starbuck，另一个是 1968 年用 4 年时间完成本硕连读的杰夫瑞·菲佛。二人皆可称为管理学界的全才。组织行为学、组织理论、战略管理、人力资源等多个领域通吃。二者中更为全面也更为"庞杂"的，当属 Starbuck。他在涉猎范围上更为广袤，在方法论上更为广博精准。

Starbuck 1934 年出生，1956 年从哈佛大学本科毕业（学数学），1964 年从卡内基理工学院博士毕业。曾任职于普渡大学、约翰斯·霍普金斯大学，并于 1967 年出任康奈尔大学正教授，曾在 1968 年至 1971 年间主编《管理科学季刊》。南卫理公会大学（SMU）曾在 1971 年出价全美管理学教授的最高工资聘请他，但由于各种原因未能成行。他游访欧洲四年后回到美国，先后任教于威斯康辛大学（1974~1984年）和纽约大学（1985~2005年）。退休后，他在俄勒冈大学Lundquist商学院任驻院访问教授。美国心理学会院士（1975年）。美国管理学会院士（1986年），并曾于1997年出任其主席。我在美国管理学会年会现场聆听过他的主席演讲。

我经常在课堂上引用的是他与Francis Milliken合写的Challenger: Fine-tunning the odds until something breaks（*JOMS*, 1988），讲对挑战者号灾难的解读。精彩至极。

Starbuck老师（我们最好称他为Bill）的一个重要特点是只谈观点和想法，不在乎发表的地方。他很多有见地的东西估计顶尖期刊也发表不了。老先生乃是西蒙、西尔特、马奇的学生，1967年就是正教授。他根本不在乎发表在哪儿。我曾经在过去二十余年里多次阅读他的自传。

老先生近乎严酷地真诚，襟怀坦荡。那么早就志得意满的他，行文之间难免自傲自负。但每次对危机和挫折的描述，都是诉诸自己的无知和决策失误。非常清醒坦诚。

2004年，他在《组织研究》（*Organizational Study*）上发表了一篇文章，《为什么我停止了去尝试理解所谓的真实世界》（Why I stopped trying to understand the real world）。像对待他的自传一样，我也是隔三差五地读一遍。下面是我自己翻译的某些片段（楷体）和理解。

很久以前，我曾相信理性可以造就理解。我生活在真实的

物理与社会环境中，我想理解社会现实。我想创立一门以数学模型、计算机模拟和系统的实验为基础的真正的行为科学。这些年来，诸多的经历挑战这些我曾经相信的东西。我发现，理性不仅是一种极具欺骗性的工具，而且具有潜在风险。我发现研究结果具有极低的可靠性，有些学科数十年没有任何明显的进步，社会文化强烈地影响着研究者对"什么构成有用的知识"的判断。我看到很多所谓的研究不过是用夸夸其谈的语言包装的随机噪声。我所研究的社会系统根本不是什么现实，而是由观察者或者社会习俗所产生的任意性分类。我成了一个倡导者，倡导这样的研究：去改变某种状况，而不是仅仅观察自然发生的情形。

实验室里的实验，主要在于问题写得如何，能否让受众理解你想得到什么样的结果。跟实验室以外的真实世界没有多少关系。你只用去跑程序，不出意外，你总会得出你想要的结果。

"当一个理论变得越来越真实的时候，它同时跟它所代表的现实一样难以理解。"这是他在卡内基理工学院读书时针对他的一个博士同学的研究想到的。这个事儿，我在大学时代也遇到过。我们班一个学生把三个会计指标分解成几十个分指标，他获得了优秀毕业论文奖。三个指标都说不清楚，弄成几十个就更清楚精准了吗？我认为是过分的做作。

1966年，Bill 正在写一篇文章，他偶然发现数据分析的结论可以产生非常漂亮的理论解释，但跟他预先的假说完全不同。仔细检验，他才发现助手在录入数据时有系统性偏差！噪声也能产生系统的理论。当获得貌似"理性"的答案时，我们的大脑感到舒服。于是，不再追究。给我们的大脑带来愉悦的，不一定给我们带来真正的洞见和知识。

Bill 刚出任《管理科学季刊》主编的时候，每篇文章的两个审稿人意见的相关度只有 0.12！不知道有 3 个主编、40 个副主编、400 多个评审团成员的《战略管理期刊》的这个指标是多少。我们没有多少共识，但我们把这叫作科学？！

在跟卡尔·威克聊天时，Bill 开始思考主观和客观的关系。当然，卡尔·威克的观点很清楚：一个人的感知是主观的。很多人的共同感知（即使是错误的）也是客观的存在，至少对这群人而言是这样。

> 完全随机地做时间序列分析，平均不超过三轮，经济学家准能发现大于 0.71 的相关度。我用横截面数据也有同样的问题。
> 社会科学研究者不应该预期相关度在接近 0 的区域上下徘徊。以非相关为"零假设"的统计分析具有增强"显著性"的偏向性。

也就是说，统计分析大多是自娱自乐。而且，社会科学的很多研究结果以偏概全，夸大普适性。

> "皮格马利翁效应"很真实。想要什么，你就会得到什么。自我成就或者自我否定。研究多是钓鱼，而不是发现。
> 理解过去可以慰藉我们，但可能无助于我们应对未来。

Bill 还强调说，现实是变化的。我们对所观察的现实是有影响的。我们观察时看到的和不观察时的情况很可能是不一样的。这基本上是援引海森堡测不准原理。

　　Bill 还讲到来自某个医生的启示，是有关症状与治疗的。好的医生注重患者对治疗的反应。改变治疗的方式，可以同时构建和检验我们对现实的理解。如果患者向好的方向发展就证明治疗是有效的。周其仁说，定价就是猜。我说，诊病也是猜。对于某些研究者而言，研究连猜都不是，而是证明自己的想法是对的。欢迎来到真实世界。

CHAPTER 6

第六章

从悖论视角看管理与相关专题

THE
PARADOX
OF
MANAGEMENT
RESEARCH

无论是新兴的现象与话题还是传统经典的管理学研究专题，对其从悖论的视角进行审视和解读也许能够给我们带来独特的洞见和启发。数字时代与过往时代也许有千丝万缕的联系。貌似全新的概念和做法也许是新瓶旧酒、平淡无奇，而貌似稀松平常的实践尝试也可能孕育创新之机。共享经济中到底是谁在共享？我们究竟是需要专业的职业化服务还是业余的全员参与？鼓吹扁平化是否意味着层级制将会立刻被扫进历史的垃圾箱里？企业的战略中枢与其在各个不同领域的涉猎到底是什么样的关系？创造了价值是否一定能够将其获取？为什么企业的创始人会被自己创立的企业扫地出局？让我们尝试以悖论思维走进这些与管理学研究相关的话题。

共享经济是与非[一]

共享经济如何界定？它跟其他经济形态有何异同？到底是一种全新的经济形态还是数字时代的一个特例？如何理解它的特质与前景？有哪些优势与潜在弊端？创业者和现有企业如何应对？政府如何疏导与监管？到底是在专业地业余着还是在业余地专业着？让我们一起领略共享经济的神秘与奇妙。

共享经济是时下的热门话题。读上100篇关于共享经济的文章或者一些书，你会发现，大家津津乐道、如数家珍地重复引用的例子无非是爱彼迎和优步。房子和汽车的共享，以及与住和行相关的其他例子，大多数基本上是结果未经检验的例子。然而，大家一说起共享经济，眉飞色舞、青睐有加，激情丝毫不亚于当年互联网公司火爆之际。一时间，仿佛共享经济可以摧枯拉朽、改天换地，从根本上挑战现有的生活方式乃至生产关系。本文旨在帮助厘清与共享经济相关的各种关键概念，并力图比较全面地从机会与威胁两个方面来揣测共享经济未来的演进与发展。基本的态度很清楚：谨慎地乐观。

[一] 本节中的部分内容曾经以《热共享、冷Sharing》为题发表于2018年第6期《清华管理评论》，略有修订。

其实，在共享经济这个庞大芜杂的笼统称谓下，人们演绎着不同的赋义与解读。有人说共享经济是大家"共同消费"或者"合作消费"，抑或是"互相连接"的消费，强调的是大家对产品和服务的"共享"。也有人说，共享经济的说法是错误的，正确说法应该是"租赁经济"或者"获取经济"，强调的是对使用权的看重与交易，而无须对所有权进行交易。还有人说，更加实质性的说法应该是所谓的"即时经济"或者"零工经济"（或曰赶场经济、走穴经济）。

共享经济的概念与问题

我们可以从共享（SHARING）的七个方面来界定并探讨共享经济，并提出一些相关的问题供大家思考。对这些问题的思考与解读将会帮助我们更加准确清晰地理解所谓共享经济的范畴、实质以及未来的发展前景（见表6-1）。

表 6-1　共享经济的构成要素与问题

	共享经济构成要素		主要相关问题
S	Subject	参与主体	参与主体是企业还是消费者？
H	Having	所有权	是共享还是互享？
A	Allure	吸引力	共享经济究竟具有哪些吸引力？
R	Revolt	反对力	有哪些阻碍共享经济发展的反对力？
I	Intermediary	中介平台	共享经济中的中介平台到底扮演什么角色？
N	Newness	创新	在盘活存量之余能否促进产品与服务创新？
G	Government	政府角色	政府在共享经济中应该扮演什么角色？

参与主体

广义而言，在个体（消费者）与机构（企业）的任何组合之中发生的交易都可能属于共享经济的范畴。也就是说，共享经济并不只是 C2C 的专利，也可以是 B2B 的实践，还可以是企业和消费者之间的交易以及消费者与企业的共享。

第一，某企业有大型机械，自己用不完其所有能力，与其令其闲置浪费，不如租给有需求但买不起的小企业。这是 B2B 的共享。

第二，你有一辆 SUV，周末经常不开，就可以租借给想尝试一下 SUV 的司机。小有盈利。这是 C2C 的逻辑。

第三，一个企业的内部澡堂如果有闲置能力，可以向企业外的人员开放，价格可以比纯商业洗浴中心便宜。这是 B2C 的道理。

第四，如果一个程序员自己是一个单干户，在完成正常固定合作伙伴的工作量之余，可以给其他企业打零工。这是 C2B 的服务。

所有权

第一，从法理上说，公有制就是大家名义上"共享"所有权的制度。在这种制度下，大家在经济生活中的所作所为（比如不同单位之间的相互支援）大概都可以笼统地被看作时下甚为应景的"共享经济"。

第二，在承认私有产权的制度下，牵涉所有权的共享经济，意味着每个参与的主体只拥有相关资产的部分所有权，没有任何人真正拥有相关资产的全部所有权。比如，分时共享的私人飞机或者高档度假村，每个所有者只拥有某些时段的所有权和使用权。这时的实际状态是大家"共有共享"。

第三，如果大家共同拥有的只是使用权而并不涉及产权，此时的经济形态则是纯粹的"共享",大家共同购买,集体消费,比如4个人拼桌共同享用一个千岛湖鱼头。

第四,由于规模有限,小企业如果单独去给员工购买补充医疗保险可能不划算或者负担不起,数百个小企业组成联盟,集体去购买,则有规模效应。

第五,如果某人或机构已经拥有某产品或者服务的法定所有权,而且通过收费的方式将其产品或服务的闲置部分租借给其他人或机构,此种形态则是"共享"(share with),有提供与接受的区别。某一财产(比如,房屋或车辆)的完全所有者可以在空间上或者时间上将其一部分的使用权共享给他人。

第六,如果伙伴双方相对固定地互惠性地共享某种各自拥有的产品或服务(无论是易货贸易还是按某种标准进行现金结算),那么这种特殊的共享便是一种更加特定的"互享"(reciprocal sharing),比如航空公司之间的代码共享,通常是跨航线的互享,在一条航线上A共享B的飞机,在另外一条航线上B共享A的飞机。

吸引力与反对力

影响共享经济之"吸引力"与"反对力"的主要因素,包括产品与服务的可共享性、参与主体的共享意愿、共享的成本、共享的回报,以及共享的专业性等(见表6-2)。由于物理特性和社会属性等诸多方面的限制,并不是所有的东西都适于共享。通常情况下,一次性使用的东西,即使有剩余,也难以与别人有偿共享。另外,过于高端、前沿、私密、独特的东西，所有者通常不愿意与人共享。燕尾服可以共享，泳衣难以共享。

表 6-2　共享经济的吸引力与反对力的影响因素

影响因素	吸引力强	反对力强
产品与服务的可共享性	强	弱
参与主体的共享意愿	双方均强	至少一方很弱
共享的成本	相对较低	相对较高
共享的回报	高或多样	低或单调
共享的专业性	较高（标准化）	较低（业余、混杂）
共享的情景	鼓励、支持共享	阻碍、贬抑共享

如果共享的交易成本过高，比如搜寻、付款方式、服务评价以及合同纠纷处理等多方面的实际或者潜在成本较高、风险较大，或者实际的总体使用成本并不比直接购买便宜多少，共享则比较难实现。

如果共享对参与者的回报较高，比如提供共享者可以将自己闲置的资产换得相当数额的现金，或者对接受共享者来说比自己去买要划算得多，共享则较容易发生。比如，车与房等单价较高而又相对比较标准化的东西容易被共享。

当然，在共享经济中，参与者追求的回报可能会超出简单的经济性考量。大家可能会出于社交的需求或者其他的考虑参与到共享经济中来，比如出于慈善或者环保等理念诉求；对情感满足与猎奇体验的欲望也会发挥作用，比如粉丝可以租赁自己崇拜的明星用过的某些物品。

影响共享经济发展的一个重要悖论是，共享经济一旦真的成功，它基本上就已经不再是共享经济了。如果大家都各自专注于自己的专业和特长，人尽其才、物尽其用，基本上就不会有太多的时间和精力去考虑剩余和闲置的东西。如果大家绞尽脑汁地去琢磨如何共享自己剩余的东西，而不是专注于自己的主业和专长，那么人们所共享到的大多都是别人用比较业余的或者不够专注的方式提供的东西。并不是所有人的剩余产品、服务、时间、能力都值得共享。而一旦这些热衷于共享的人极为热忱而敬业地去从事原本属于共享经济范畴的事体，此时他们已经是专门从业，而不再是共享。

共享经济有赖于具体情境，比如民众是否理解，政府是否允许并支持，中介平台是否公正有效，经济发展周期是否迫使大家节俭度日等。也许大家没有意识到，共享经济的兴起不仅与移动互联网息息相关，而且是陡然升温于2008年的全球经济危机之后的。年头好的时候，大家都追求及时满足和自我便利。浪费自然多于共享。

中介平台

共享经济古已有之，从最早的易货贸易到民间的众筹集资，从实物到服务再到金融，可谓屡见不鲜。如今共享经济风头正劲，优势凸显，则是因为互联网（尤其是移动物联网）的出现催生了各种具有规模优势和范围经济的平台，它们可以更好地使希望共享的各方主体更加便捷、经济地找到对方并实现交易。大家言必称楷模的优步和爱彼迎便是这样的平台。它们的存在使别人之间的共享成为可能。但它们本身提供的并不是共享，而是不折不扣的专业化的高科技服务。

所谓的共享经济会促成"去中介化"的说法，其实是一大误解。中介并没有去，不过是改变了而已，而且变得更加强大，甚至不可或缺。平台的有效性和效率将取决于搜寻的准确迅捷程度、参与者之间连接的广泛程度、服务评价与选择的便利性、支付的安全与便捷性，以及整体平台的综合信用水平、安全性和可持续性。

创新

概而言之，大部分人的大部分剩余或者闲置的物品、服务、能力和时间，至少相对于专业人员的价值提供而言，都是业余的、不稳定的或者不规范的。根据定义，共享经济的主要意义在于盘活存量和在正规市场交易体系之外的拾遗补缺或者随机调剂。因此，这也意味着具有较高可共享性的东西通常都是供给广泛的大路货，是正规经济（传统经济）的补充，在其领域内或许具有可持续性，但难以挑战主流的正规经济。而一旦共享经济的参与者成为正规和主流的，他们必定已经是专业从业者，而不再是顺便共享的人。通常情况下，在这种经济形态中，很难发现极为珍贵的东西（比如主人不识货将某些古董或者名贵的东西低价共享），也很难会有多少在低水平重复之余而刻意谋求的产品与服务创新。共享，毕竟是要解决已有剩余和闲置物品的问题。

虽然开放式创新被炒到爆棚，但真正创新的东西，尤其是实现了所谓从0到1的创新的东西，通常都是在庙堂中而不是在街市上创造的。所谓的流行大多是流通领域里的东西的传播扩散或曰山寨化的过程。共享，亦是主要属于街市上的流通买卖。平心而论，那些做中介的大平台可能在创新，技术上的和商业模式上的。那些参与共享的主体，现在看来，主要还是在盘活存量，而不是专注于产品与服务的创新。随着共享者的逐渐敬业和专业化，也许，新一轮的创新可能在共享经济中产生。

政府角色

共享经济无疑会得到政府在某些方面的倡导和支持。然而，作为新的经济形态，共享经济不仅挑战了现有的商业模式和经济秩序，而且在制度安排和政策法规方面给政府和社会带来了一系列必须应对的挑战，比如监管、税收、服务、安全、社会保障等多方面的问题。

在共享经济的发展道路上，适度允许来自基层的探索和创新，也许是明智之举。事实不断证明，只有经过实践检验并符合市场逻辑的创新才能真正得到推广。共享经济应该有这种机会去证明自己。我们不妨谨慎乐观地拭目以待。

共享经济的启发：再说管理学的专业与业余

专业是要靠长期积淀和浸淫的，通常意味着多年坐冷板凳。业余人士扎堆儿的地方通常热火朝天、泥沙俱下。大家很难搞清楚谁对谁错、谁痴谁笨。在我们现今所谓的管理学领域里，似乎不太能够清楚地分辨专业的和业余的。

随着共享经济这个说法的流行，也许大家会注意到一个现象，也就是专业和业余之间的界限日渐模糊。大家做事儿仿佛都是顺便甚至随性而做。造成这种现象的一个主要原因，是技术的进步使各种交易手段的效率和成本大幅度降低，其便捷性也大幅度提高。

正是有了交易费用和各种实际费用的降低，才使原先必须职业化运作的事情可以由一般人来做。一方面，这提高了普通民众的参与度，为其生活增加了便利和丰富性，貌似人人都有机会展现自己。另一方面，也在某种程度上阻碍了大家对职业化的要求与追求，混淆了职业和业余的边界。

像"人人都是CEO"的说法一样不靠谱儿，现在鼓吹的所谓参与、平台、生态等时髦概念其实大有黑白不分、乾坤颠倒的意味。好像科层已死、中介消失，人与人之间只要有个App就能想干什么就干什么。

每个人在这个世界上都是要扮演特定角色的。要么业余地做，要么专业地做。如果你找不到能专业地做的事儿，只能业余做些零工。如果专业和业余不分，最终大家都不会使劲儿向专业发展。劣币驱逐良币，只能拉低总体平均水平。

新的技术出现，会降低某些职业或者活动的进入门槛儿，使原先有才能而无法进入的人得以进入。这是积极的一面。比如，一个潜在的摄影天才，在过去的时代可能由于没有机会接触照相机而被埋没。

当然，这种情形的概率应该是极小的。而大概率的情形是，技术的易得性使进入门槛儿荡然无存，业余人士充斥坊间。如果再有些银两，就更可以随意任性了，可以大肆动用专业装备和场景来矫饰业余。

过去曾有读书无用之说。看现在的情形，似乎可以说"专业无用"。

专业，就是插件。如今人人都想做平台，大家都关注生态和连接。然而，没有专业插件的平台，最终都是业余个体户的集散地。

能够想象到的一个好处是，任何一项活动，业余者的基数越大，就越可能会造就更多的专业明星。当然，这只是一种猜测。低水平重复，则是另外一种可能。你是想当网络作家还是美颜摄影师？我想我是入错行了。我应该从小专业说相声。

商业模式：当下时代的思考

单位均值太低与规模化的臆想

创业，靠的是靠谱儿、可复制的商业模式，从产品与服务到人力资源，从营销手段到组织运营，尤其是财务前景，都需要可持续，自身能够维系。靠烧钱做规模可以锦上添花，如果单店不盈利很可能是雪中无炭、冻死寒舍。

前几年，我在MBA课堂上用了一个"共享单车"的案例。按照哈佛商学院老派案例教学的传统，老师主要是引导讨论，点拨要点，但很少表明个人的观点。当时，还是有为数众多的学生看好这种业务的商业模式，最后一公里、智能化、靠数据挣钱云云。我当时实在是忍不住，极其强势地表明了我的看法。估计在很多学生的眼里，我是一个跟不上新经济形式的落伍者。好吧。

关于ofo，马化腾曾经评论说，大家都没说到点子上，问题主要在于一票否决权，在于公司治理结构的问题。这个因素自然在决策上会影响企业的生存和发展。依稀记得当年在某个场合听到过腾讯早年创始人股权结构的说法：马化腾一股独大，有强大的话语权，但另外四个人的股权加起来比他多。如此，有一个人最后拍板，但又不至于强势到一票否决。有些道理。

共享单车的问题，主要是商业模式本身的问题。我个人一直认为主要的问题在于该业务的 ARPU 值太低。为了实现规模效应和网络效应所必须付出的固定成本和社会成本过高，尤其是社会成本：对有限的公共空间的掠夺式占用。以邻为壑。

经营纽扣、吸管等小商品的可以做成全球隐形冠军，但根本不用占据很多物理空间，尤其是公共空间。共享单车则不同。最早意识到 ARPU 值这个问题，是在给中粮做培训的时候。那时中粮一个棘手的产品是五谷道场方便面。中粮的主要资产之一是其品牌信誉。国有企业通常没有（为盈利或降低成本）而主动造假的动机。这么优质的品牌背书，放到高端葡萄酒（君顶）或者优质肉食（家佳康）等 ARPU 值较高的产品上，远比放在几元钱一袋的方便面上更靠谱儿。定位偏颇。

当然，该业务除了与公司总体主导逻辑不够匹配之外，其本身定位也有问题。五谷道场的卖点是"非油炸"。吃方便面的群体，要的就是由油、辣、面鼓捣出来的各种口感刺激。出于健康考虑而避免非油炸食品的人不是方便面的主要消费群体，不属于那些重复购买和经常食用的目标客户。定位错乱。

与 ARPU 值相关的还有一个最小盈利规模（minimum efficient scale，MES）的问题。很多业务的参与者都希望自己能通过规模足够大而最终实现盈利。像快递这种需要超大规模的业务，不可能几十家企业一起进入，而且每家企业都希望自己能够做大做强。在网络时代，大家愣是愿意相信这种规模是很容易通过烧钱来实现的。其实不然。

还有一些业务并不需要太大的规模来实现盈利——规模只是锦上添花，而非雪中送炭。如果一个业务，单店（单点）可以盈利，假设商业模式可以复制，那么规模扩张后通常整个连锁体系仍然能够盈利。如果单店不能盈利，想通过规模扩张来实现整体盈利，通常是异想天开，除这个业务是一个完全靠规模效应的大平台（尤其是不占实体空间的虚拟平台，比如亚马逊）。画饼充饥。

回到共享单车。单车是一辆一辆的实体存在，需要一个地点一个地点地经营。每辆车或者每个地点不能盈利，通过扩大规模本身来实现盈利的可能性不大。ARPU 值太低，成本太高。押金和数据是最大的亮点。前提是运营平稳、持续生存。但凡风吹草动，用户要求退还押金的风潮难以抵挡。数据还没来得及收集或者想清楚用途，就已经歇业了。押金诱人。

早在网络普及之前的模拟时代，希望靠押金和会员费挣钱的业务就已经多次出现，不过成功的不多。比如洗车业务，买了年卡，几个月后客户发现店铺关张了。要么就是声东击西、暗度陈仓，用会员费投资别的业务去了。移花接木。

复杂性与层级制的关系

在当下的数字经济时代，各种所谓的新商业模式如雨后春笋般涌现。

与之相连的一个现象就是扁平化和自组织之声甚嚣尘上。其实，任何有体系的有机体基本上都是有层级或曰阶层的，乃至层级不可或缺。西蒙教授从人类认知的角度阐释了复杂性与层级制的关系。也许，没有层级制，我们根本无法了解复杂性本身。而我们在现实中遇见的大多数具有挑战性的问题，都是具有高度复杂性的。也许，层级难以轻易被替代。

在我们进入主题之前，不妨先转个小圈，然后再看卡内基学派的创始人之一西蒙教授。这也是对上一章所讨论的卡内基学派至今风光不衰的再次印证与回应。

俗话说，大树下面不长草。俗话多是不讲前提假设和边界条件的。有的是真俗，有的是俗中带雅，有的完全是无稽之谈，有的是确凿的大实话。有选择地感知，有选择地举证。做研究和写文章，谁也不可能（甚至根本不打算）穷尽所有的可能性。大家只是选择对自己有利的证据，来证明或者推翻某个论断。

大树下面不长草，在某些时空组合下是可以成立的。比如，真正的大家、大师，是很少会有极为出色的学生的。仔细想想，有几个管理学大师的学生是后来居上，超越大师的？而那些培养大师的老师，自己通常不是大师，只是好的老师。

西方有句谚语：能者自己整，不能者教别人。（He who can, does. He who cannot, teaches.）原因很多。最重要的原因，也许是大人物一直到老甚至到死都活跃在一线，自己表演永远是最重要的，培养后代人才不过是顺势而为、可遇而不可求的事儿。而且，这些大人物的经历和表现以及手艺和思想，通常是很难复制的。尤其是以思想家立身的大家，他们通常自己天马行空，对学生则是放任散养。

回到管理学界，你能说出西蒙最有名的学生是谁？明茨伯格最有名的学生是谁？有哪些学生超越了前辈大师？有些跑偏了。本文主要不是说大师和学生的。非要这么开场，是要说一下当今的战略名家利文索尔，当年马奇在斯坦福大学的学生。马奇的学生，有名的也有不少，但真正能称得上大家的，恐怕也没几个。利文索尔当属出类拔萃的。*Organization Science* 的前主编，*Strategy Science* 的现任主编，沃顿商学院的资深大牌教授，AOM 和战略管理学会（SMS）的会员，AOM STR 的杰出教育家奖获得者。

有些人担心，利文索尔会把战略（至少从方法论上）引向管理科学化和经济学化，日益强调管理科学和模型法的影响。而悖论是，虽然方法论本身非常严谨直白，但他的概念能力和理论把握却属于组织管理学的核心正根儿。这也许正是因为他继承了马奇和整个卡内基学派的衣钵。概念和数量都玩得非常利索精当。

当年马奇以垃圾桶模型开创组织决策研究的语境创意（概念创新）时代和模拟方法引用之先河。利文索尔其实也是概念创新的高手。比如，他和科恩提出的最为著名的"吸收能力"（absorptive capacity）概念。一般人说"吸收能力"就是大白话，人家说出来就是构念，就像 Joseph Nye 的所谓"软实力"。之后，利文索尔还有过类似"犷悍崎岖的战略风景"（rugged lanscape）等术语发明，好像后来没那么火。毕竟，管理学界真正能看懂他们模型的不多。虽然模型的 3D 图像很酷，但此种术语很难用一般人能够懂得和记得的文字精准而形象地界定。

回到我们的主题。这里要说的正事儿，是由利文索尔跟其当年的学生 Sendil Ethiraj 在 2004 年的一期《管理科学季刊》上发表的文章[1]，说的是复杂性和层级制。Sendil 在沃顿商学院博士毕业后，先到密歇根大学待了十年，后转战伦敦商学院。现任 SMJ 顾问编辑。而此题目之提出者正是卡内基学派的主要奠基人之一，马奇的合作者西蒙教授（1962）[2]。于是，有机会再次领略和欣赏西蒙教授的超强大脑和旷世智慧。

为什么对这个话题感兴趣？个人喜好，抑或偏见。选择性感知，选择性强化，选择性宣扬。最近，其实是长久以来，一直听到各类信誓旦旦地要赞美和提倡扁平化的鼓噪，反层级、反科层、反官僚、反体制，声称扁平化、去中介、自组织，以及人人都是 CEO，云云。极端可笑，令人反感。

迄今为止，人类的复杂组织没有一个不是由层级来管理和控制的。这应该说是一个基本的事实，尽管我们有各种更加良好和美好的愿望抑或臆想。从农庄和教会到政府和军队，从庞大的复杂社会技术系统美国国家航空航天局（NASA），到随着组织规模和范围逐渐扩大而日益层级

---

[1] Ethiraj S K, and Levinthal D. 2004. Bounded rationality and the search for organizational architecture: An evolutionary perspective on the design of organizations and their evolvability. *Administrative Science Quarterly*, 49 (3), pp.404-437.

[2] Simon H. 1962. The architecture of complexity. *Proceedings of the American Philosophical Society*, 106 (6), pp.467-482.

化的技术翘楚，当年的 IBM 和通用电气，如今的 Apple 和 Google，层级不可或缺。

核心的鸡与蛋的问题：到底是有限理性限制了我们的思维，使我们只能感知和分析层级制的系统，还是因为复杂系统本身就是层级制的，所以才能被我们理解和接受？中心主旨很清楚：没有层级的复杂性是我们难以理解的！无论鸡和蛋的先后顺序还是因果关系，给定我们现有的认知水准和理解能力，没有层级制的复杂性是无法想象的，因此也是无法处理和应对的。

西蒙教授的那篇文章中的另外一个基础概念是近乎可拆解性（near-decomposability）。复杂性可以通过简单性来拆解和解读。复杂系统的构建、运营和监控体现在少数关键子系统和环节的互动中。复杂之中有简单，简单背后有复杂。其实，马奇等人的垃圾桶模型也是对于一个貌似无序的复杂系统进行的一种简单化的拆解。恰如物质世界是有结构的（如中子、原子、分子等），人类组织亦是如此。

篮球中枢脚的战略启示

古语常言，中正归根。惟精惟一，允执厥中。西人亦是如此，左右逢源，居中者胜。书法中，偏锋出奇峻，中锋见真功。战场上，东西南北战，稳坐中军帐。篮球中枢脚，羽毛球归中。以中心为基准，纵横离合，向心中控。此乃审美境界，亦可实践中行。

过去的五六年里，出于培训和咨询客户的定制需求，先后写了若干企业的案例，包括ADM、康尼格拉、通用电气、Groupon、猫途鹰、谷歌、三星、宝洁、雀巢、达能、联合利华等。无论是新兴翘楚，还是百年老店，这些企业似乎有一个惊人的相似之处，那就是都有一个较为一致的主题。比如，通用电气注重管理人才培养，谷歌依赖广告，宝洁打造品牌，猫途鹰注重消费者评价。

写本书，也算是对既有工作的一个总结和交代。然而，由于品类、题材、篇幅、文风以及素材新旧等方面的多种原因，很难有说服力地把它们弄到一块儿。想了很多词语来名状这个所谓的"主题"：核心（core）、要点（crux）、焦点（focus）、基点（foundation）、原点（origin）、支点（fulcrum），等等。都不够精准、全面，也都过于直白、浅淡。

以前，偶尔碰到一本英文书，书名就一个词：pivot。这个词的含义，说白了，就是以某个中枢为轴心或基点而转动，从而伺机进行下一步的行动。作者 Adam Markel 最为直接的比喻，就是篮球运动中的所谓"中枢脚"或曰"轴心脚"，以自己的一只脚为中枢脚（不能完全离开地面），同时用另外一只脚不断挪动，寻找机会。

这个依据中枢而转换外围位置的基本功是具有战略含义的。至少在一个特定的阶段和情境下，你的行动是有一个中枢、轴心、基点的，不可能轻易更改。在篮球比赛中，中枢脚离地或者转移，属于走步犯规。在商战中，中枢脚离地可能意味着出局或者死亡。要有中枢，有根据地，这是第一要着，是生存的基础。

在根基稳定的基础上，你又要不断地折腾，像深入沙家浜的阿庆嫂一样，眼观六路，耳听八方，胆大心细，遇事不慌。可以举球转身，也可以边转边运球，还可以伺机传球，或者直接投篮。一动一静，动静结合。在根基稳定的基础上去不断折腾，即兴发挥，应对威胁，发现机会，采取下一步行动。这就是中枢脚的战略含义。

某天上午查阅英文商业文献中 pivot 的应用，发现最为著名的是 Eric Ries 前几年写的《精益创业》(*The Lean Startup*) 中对 pivot 的应用。他对 pivot 的定义是，不改变远见，而只改战略或者实现远见的路径。

同样，美国军事文献中的有关定义也相对较为注重 pivot 至所要移动到的对象和目的地。比如，在奥巴马执政时期，美国的军事政策之一就是将重点滑向（倾斜到）亚洲，也就是说对欧洲和其他地方相对淡化。

同时，也有说法是，在滑向亚洲的同时，要在中东进行"对冲"。

其实，仔细分析美国的外交和军事政策可能对于商业竞争更有启发。美国波士顿学院的 Robert Ross 于 2013 年在《战略研究季刊》(*Strategic Studies Quarterly*) 上发文指出，自 1776 建国以来，美国的大战略就是要防备来自太平洋和大西洋两翼的威胁，亦即东亚和欧洲的威胁。具体的意图和做法就是分别去分裂欧洲和分裂亚洲，有时需要直接介入这两个区域，从而达到区域内的平衡与制衡。

本书前面曾提到过当年杜鲁门的那句名言，其意图就是让德国和苏联两败俱伤。后来，美国直接干预欧洲，介入二战。中枢就是美国的国家利益。当下，由于中国的崛起暂时没有亚洲国家可以抗衡，所以美国要滑向这里。当年日本在亚洲也无人抗衡，美国在二战中就直接 pivot 过去了。逻辑是一致的。

因此，我对 pivot 的界定和理解，更看重中枢脚和滑向的目的地之间的关系以及背后的逻辑。也许，先要更在意有一个稳定的根基，即中枢本身。我写的案例中，记忆最深的最为明显的一个例子，是美国第二大粮食企业康尼格拉。从面粉加工厂到食品加工厂，再到品牌食品运营商。从产业链的源头，一直往下游走。快要实现覆盖全产业链时，又逐步下沉，剥离上游业务，注重品牌和渠道的经营。在任何时候，都有一个核心业务（中枢脚）占其总收入的 50% 以上，而其总的业务组合又同时不断根据市场需求以及自己对 20% ROE 指标的坚持而调整。

对于一个篮球高手而言，中枢脚不仅是基本功，而且是撒手锏。有些球星可能善于右脚，有些可能长于左脚，而有些则可能左右皆可，随机应变。有些人可能在任何时候都采用自己特定的标志性撒手锏，有些人针对不同的对手和节奏采用不同的中枢脚定位。

套用音乐的语言，战略就是主题与变奏。主题就是中枢脚，变奏就是依据中枢脚而采取的变化与折腾。有一个显然的问题：当变奏太快、太频繁或尺度太大的时候，要把握主题以及变奏与主题的关系，便显得极为困难。

有些时候，主题本身可能会出问题。至少上述的通用电气和宝洁是这样，两家曾经备受尊崇的百年老店，在如今的竞争情境下，已然略显尴尬与滑稽。过去的中枢脚还能奏效吗？

试想，如果篮球比赛的速度进一步提升，完全的超级对抗，那时候可能就根本没有机会站住脚，或者没有运球的机会，接着球就得传出去或者急停跳投。那时候稳住中枢脚已经不可能了。没有根据地。随时随地投球或者盖帽。如果那样就不够美观了。然而，商业竞赛是不在意美观与否的。

不是我不明白，是这世界变化快。走过来，走过去，没有根据地。中枢脚，还有立足之地吗？

价值创造与收获

卓越价值的悖论思考

在战略管理学的研究中，价值创造逐渐替代竞争优势而成为研究的主要考量目标。什么是价值？什么是卓越价值？说来简单，其实复杂。一言难尽，多说更乱。

要谈价值创造，先得说清楚什么是价值。价值，是一个内涵丰厚和外延广泛的词。无论其含义和用途如何广泛，我们大概可以从事实判断和价值判断两个方面来考量它。前者尽量客观地说明和陈述事实本身，有相对广泛接受的判断指标和测度方式。后者主要取决于判断者自身的好恶偏向，相对主观、独特、私密。

事实判断，就价值而言，主要是指功能性的判断。比如，一个人饥饿难耐，给他吃两碗面条，他饱了。这两碗面条是管用的，发挥了消除饥饿的功能。因此，面条作为对饥饿问题的解决方案，是有功能价值的。吃得怎么样？还凑合吧。好歹是吃饱了。要是有饺子就更好了！

如果回答果真如此，面条只是具备了充饥的功能，并没有带来更高层次的饮食快感和审美体验。对此人而言，面条不够好，不如饺子好。萝卜青菜，各有所爱。甲之蜜糖，乙之砒霜。个人的好恶是难以由外在的客观指标评判的。

虽然好恶指标对于每个个体而言是相对独特甚至不可比的，但对于一群人而言，客观的价值评判标准通常还是有一定的聚焦区间和均衡点的。比如，就惯例与每日常态而言，一个单位的食堂里哪个菜最抢手便直接体现了大家对"标配"和"准标配"的识别。

标配，既代表了该消费群体中主流消费者（无论是按绝对人数还是人均消费额来测度）的口味偏好集中度，也通常代表具有较好的性价比，乃是在包括事实判断（比如营养成分等指标）与价值判断（比如可炫耀性等指标）两方面多维度要素共同构成的价值评价体系中综合得分较高的。功能与品位齐飞，性价比与偏好交聚。

当然，正态分布的两个极端，可能完全不认同上述的标配。低端消费者，更加注重物品功能性的价值，极力追求最高的性价比。有些以抠门儿为价值偏好的高收入者也会加入这个队伍。高端消费者，通常完全不考虑性价比，随时任性，肆意抓取，考虑的主要是营养需求、心理满足和社会优越感。

值得一提的是，上述的标配是被观察到的该群体中具有代表性的价值偏好。当事人可能了然于心，也可能全然不知，甚至在较真儿的时候也许还貌似不怎么认同。商家也许完全无知或者丝毫不在意，因为商家缺乏足够的兴趣与激励或者适当的方法去搜集、整理、分析、解读这些数据。

消费者、商家、第三方观察者的视角是不同的。因此，他们对价值的理解，也是不同的。商家可能以为自己在创造价值，而消费者感受到的可能是毁灭价值。比如，过度包装的 CD，拆封的艰难撕扯过程通常都令人愤恨得咬牙切齿，而这群专门给人添堵的生产 CD 的人居然近 40 年一如既往地乐此不疲。

第三方观察者对价值创造和感受的研究，往往也不靠谱儿。我们的观察和研究，最好是通过非干扰性和非介入性的手段来进行，而不是直白地问："您吃得还满意吗？"

有人会说，用价值判断来考量价值，这不是套套逻辑吗？没错。价值判断主要是基于个人价值观（甚至意识形态取向）的判断。最终，我们的选择都会受到自身价值观的约束。具有讽刺意味的是，这本身又是一个事实判断。比如说，去买房的你会发现，那些你认为出奇地差，差得令人难以接受的房子也会有人买，而且主要并不是因为它们便宜。你找谁讲理？！

说到这儿，该出现些定义了。价值，从综合的角度来定义，就是某个客体满足主体特定需求的特性和程度。价值是主体和客体间的某种关系属性。如果我没记错的话，这是 30 多年前我在中国人民大学听哲学系副教授李德顺的博士论文答辩的时候从他那里听来的。当然，也许具体内容记忆有误。李老师后来出了一本书叫《价值论》，不在我手边，无法查证。大概是这个意思。

这也说明价值是关系属性，有情境和背景约束。价值随主客体的特点变化以及场景的变化而变化。当饿得半死而只有面条的时候，你也顾不上再想饺子了，有面条也是极好的。从此，面条刻骨铭心，面条就意味着价值。否则，你就只有珍珠翡翠白玉汤了。

你的产品是否具有客户价值？商家提供的产品、服务或体验能够满足客户的某种需求，客户愿意为之付款，商家提供的东西就有价值。你的价值提供是否有替代品？商家提供的产品、服务或体验能够满足客户的某种特定需求，而且这种价值提供没有替代品。客户不得不为之付款，支付溢价。一种情形是，商家提供的东西有独特排他的价值，是难以抵制的诱惑、不可拒绝的邀约。比如，需要提前若干年预定的顶级跑车或者全球限量供应的爱马仕手包。另外一种情形是，商家的价值提供乃是不可或缺的。比如，某些药品，吃了就保命，不吃就会死。生命无价。要钱没商量。

你的价值提供是否可以被消费者在第一时间想起，或者在购买该品类产品、服务或体验时不假思索，不考虑其他？如果达不到完全排他，你的价值提供能否成为准产业标准，成为该产品、服务或体验的代名词，成为大家不用想就直接选择的首选之物？比如，当年的施乐复印机、邦迪创可贴、吉列剃须刀、泰诺止痛片等。

你的价值提供是否具有良好的性价比？如果你的价值提供既不是独家排他的存在，又不是大家不假思索的自动首选，那么它是否有较高的性价比使它在众多主流客户的综合考虑之后能够胜出？

到底什么是卓越价值呢？是性价比高到极致，还是成为大众名牌、主流标配，抑或极端独特而引得最高端的客户上赶着等待朝你撒钱？如果把时效性也加进来，那就还有一个指标，非常能说明问题：重复购买。

忍不住，上瘾！不需要也买，情感上有需求！这又引出很多问题。有时候，你的价值提供对消费者是有害的，他们就是上瘾，上赶着要买。对他们而言，斯时斯地斯身，特定的需求需要满足，能够让他们满足，就是提供价值。

这是纯粹的事实判断。这种价值提供究竟好不好？那就又回到每个人的价值判断和终极意向上了。当事人、旁观者、提供者都有自己的主观判断。这让我想起某次听到一个喜剧演员描述一个心理咨询师对他的患者说："也许并不是每个人都适合活着"。

也许难以界定，也许殊途同归。是否可以说：只要有人找各种理由主动给你送钱，你就是在创造价值，甚至是卓越价值？非得要买：上赶着！不得不买：无可奈何！不用想就买：必须（需）的！想来想去还是得买：太值了！买来买去还得再买：真值呀！价值，就是值。即使嘴上说不值，还是值。值吗？

价值收获的拿捏

价值创造和价值收获紧密相连，但有时是不对等的。创造出来的价值未必能被创造者享有。不能拼命死缠烂打，猛追穷寇，也不能故作慷慨大方，该要不要。获得企业价值创造之益处的消费者也得有自知之明，一味贪利最终对自己也没什么好处。

在战略管理和营销学文献中，对价值创造中所谓价值的界定聚焦在客户价值或者消费者价值上，关注企业的经营活动是否给客户或者消费者带来价值。

其实，价值创造的说法，最初是在金融投资界中发明并盛行的，讲究的是投资回报率，即所谓金融界的性价比。无论是净现值（NPV）、资产定价模型（CAPM），还是经济附加值（EVA）的考量和计算，大家关注的都是投资是否创造了价值，是否给投资者带来了预期的回报抑或超出了预期的回报。此处所说的价值，通常是所谓的给股东带来的价值。

当然，这种价值创造，不仅是对投资人或股东群体而言的，同时也是社会性的经济指标，体现了特定的社会经济体内资金运用的效率。比如，一个精益型发展的经济体通常能比一个粗放型增长的经济体更有效率地创造价值。

如果从员工贡献的角度来看，价值创造则可以用人均产值等指标来衡量。如果把员工视为具有价值获取权的利益相关方，而不是作为纯粹的生产要素投入，则有对员工满意度以及物质回报的衡量。

当然，随着大家对社会责任和可持续发展的逐渐关注，对社会性指标（比如环保）与经济指标的综合考量也逐渐得到人们的理解和接受。可以说，大家对价值和价值创造的理解越来越丰富多彩，涉及多维度和多层面。

回到我的主旨,这里关心的只是客户或消费者的价值创造。不妨重复一下我对价值的定义:价值是一种主体与客体间的某种关系属性,意指客体对主体的某种需求的满足程度。客户或消费者价值,就是某商家的产品、服务或者体验(客体)对某类客户或消费者(主体)某种特定需求的满足程度。具体而言,这种满足程度,取决于主体对客体的主观评价。

具体的价值创造过程,并不是简单的生产制造过程,而是主体和客体双方都必须持续参与的过程,是一个商家与客户或消费者互相合作并互惠互利的过程。主体和客体双方都要得到激励和奖励,如此价值创造的过程才能够长期持续。如果任何一方遭受对方刻意和实际的盘剥,或者不能从该过程中得到自己应得的回报,则这种关系注定难以维持。

一个最简单的例子,就是小区业主对物业维权。我没听说哪个小区的业委会主动提出提高物业费从而保障获得良好服务的。你没看看保姆工资这几年涨了多少?什么东西成本都在涨。这就有个比价的问题。你为什么单单认为物业费不能涨?通过维权降低物业费或者保持物业费不变(拒绝接受涨价)的小区,要是维护了自己应得的抑或臆想的权利那就怪了。

凡是客户或消费者不上赶着掏钱而是死乞白赖地往死里砍价的地方,通常都是价值盲区。在此区间,玩得转的那真是高手。搞不定才是常态。最后,要么是客户或消费者把商家拖死,自己也得不到想要的价值;要么是商家天天打折降价,把自己弄死。

如果商家给他们创造了卓越的价值，但没有办法从自己的价值创造活动中收获应该属于自己的那一份价值，那么商家的价值创造活动就不可能长期持续。某个商家倒闭了，客户或消费者立马移情别恋。

商家千万不要自作多情。该要钱的时候，绝对不要眨眼。但要是一下子要价高到客户或消费者无法承受或者不再上赶着给你扔钱，你显然是过高地估计了你所创造的价值。

管理失败：机制失灵与人为错误

出车祸了，到底是刹车装置坏了，还是司机由于判断失误踩刹车不及时或者用力不够？另外一种可能是，刹车装置功能良好，司机判断准正确而且足够用力地踩刹车，但仍然不可避免地由其他不可控的因素导致了车祸。如何区分不同的情形？同理，如何研判不同类型的组织管理中的失败，是管理决策机制失灵（不决策或贻误战机），是人为的决策错误（误判与渎职），还是决策执行中的失误（无能力或者不认真），抑或其他的原因？这是管理学研究要相应地区别对待和解释的。

我在讲战略必修课的时候，非常具有理性和结构性，会系统地展示整个战略管理学科的经典内容与前因后果。而我在讲管理决策选修课的时候，就会完全依赖有限理性的概念，几乎所有的理性视角的文章都被视为反面教材。我也是突然意识到这种强烈的割裂的。我们的行为和我们对行为与结果的解释，在多大程度上是理性的，还是企图理性的或难以完全理性的？

一个学生问：战略怎么落地？我说这不应该成为一个问题，不能落地的都不叫战略，都是臆想。说得好听点儿，是明茨伯格所谓的"企图的战略"；说得不好听点儿，只不过是白日做梦。所有的真实的战略，无论优劣成败，都是正在践行的抑或明茨伯格所谓的"实现了的战略"。说到成败，尤其是将之与企业的战略和管理这类有目的和有体系的活动联系在一起，就会有很多的归因问题以及相应的误读与曲解。

通常，大家往往分不清楚战略失败到底是什么意思。一种解读是战略本身正确但执行和实施失败，因此没有达到预期的效果。另外一种解读，是由于成功地执行了某项错误的战略而导致失败。当然，还有一种解读，就是战略制定和实施机制全部失灵，一团糟。

同样，与此相对应，对"管理失败"的说法的理解也大致一样。到底是因为管理者失职或者渎职导致管理者没有尽责任发挥正常作用而造成了失败的结果，还是因为管理者虽恪尽职守但在给定的条件下仍然不能做出适当的决策或者发挥足够的作用去避免失败的结果？也就是说，到底是机制本身的设计、运行有问题，还是操作的人的素质和认真程度有问题？倘若按照规程，上述的设计、运行和人都没有问题，而仍然出现失败的结果，又怎么解释？

有的医生最不喜欢的一种说法是，某某因病医治无效而死亡。好像是说医生无能，没有能够成功地把病人抢救过来。有些情况是，所有参与的医生都尽了全力，在自己的医术范围内倾尽所能，在所有的现有医疗设备和药物以及技术允许的条件下尽力而为，而病人仍然死去。这时候，说医治无效有些牵强。不是医治无效，而是无法医治。也许不是医治无效，而是病人"失败地告别了"现有的医疗体系，抑或真的是寿终正寝。

而且，说回到战略，很多时候，战略拗不过运气，经济学上说得正式点叫作路径依赖。还有一些时候，竞争双方实力相差太大，用什么战略都没有用。我们不能臆想战略决定一切。再往深了说一步，即使你认为是某个战略导致了你的成功，那也不一定是真正的因果关系，很可能不过是偶然的巧合。太多的替代性解释无法被剔除，但我们却宁愿相信是自己的战略在起作用，否则无法自圆其说，证明管理者自己的价值。

对于战略要有敬畏之心，但也不能太在乎。十有八九，战略是事后总结的。因此，我经常强调的个人偏见是：战略就是大方向正确的不断折腾，从而增加歪打正着的可能性。这是我在讲管理决策课的时候的标准表述。但是最近讲战略管理，我发现我自己有些过于正式了。因此，需要在意识上自我修正一下。因为，我们不可能那么正式。我们没那么理性。不断的修正和提醒是必需的。

对创始人被踢出局的悖论解读

创始人通常是企业的灵魂与标志。有时确实会出现企业的创始人被踢出局的尴尬情形。赶走了创始人的企业还是原先的企业吗？是失魂落魄、形象认同尽失，还是更加生动鲜活、如卸枷锁？无论如何，创始人被踢出局抑或主动出走总是令人遐想无限。

听说你被你自己创建的企业开除了？！是吗？可能吗？新鲜吗？是的。非常可能。一点儿都不新鲜。

1985年，乔布斯被他自己请来一起改变世界的原来在百事可乐卖糖水的那个人撵出苹果。2017年，优步联合创始人Travis Kalanick被自己的董事会逐出优步。2019年，李国庆被迫离开自己创立的当当。

在乔布斯之前这事儿已经很多了。三四十年间，类似的例子更是屡见不鲜。从今往后，这事儿也会越来越不新鲜。更何况，今天大家还有带着"习惯性创业者"标牌的面巾纸可以用来擦泪眼。

当然，如果真是习惯性创业者的话，干脆就在被别人撵走之前先把企业卖了，自己先走。省得恋战，毁了声名。学学埃隆·马斯克。

养猪还是养孩子？这是个问题！

先看看美国的例子。1986 年，Mark Levinson 在被迫离开他用自己名字命名的高端音响器材企业 Mark Levinson Audio Systems 之后，失去了使用以自己名字命名的品牌和商标的权力。这就仿佛迈克尔·乔丹哪天一不小心就失去了对 Air Jordan 的使用权，匪夷所思。

1991 年，康柏的共同创始人 Rod Canin 在担任康柏 CEO10 年之后，被扮演 VC 角色的董事长 Ben Rosen 从康柏请了出去。这家最快进入《财富》500 强的 IT 公司，最终还是由精明的投资人控制了。

2013 年，George Zimmer 在创立并执掌 Men's Warehouse（美国男装零售企业）40 年（1973～2013 年）之后，被自己的董事会解雇出局——尽管他几十年来一直为自己的企业做形象代言，个人形象和口头禅（I guarantee it!）一直与该零售企业密不可分，家喻户晓。

再看看中国的例子。2001 年 6 月 25 日，"经公司董事会一致决定"新浪创始人王志东被终止公司总裁、执行长及董事会董事职务。从此，媒体上多了一条时髦的语句：大家要尊重资本！再往后，就是自己创建的公司被兼并，他自己不得不在高调帮助完成兼并后悄然"主动"离开。想想土豆王微之后的一系列原董事长和 CEO。名单还会继续拓展。王志东事件引出了"要尊重资本"的说法。的确，刀光剑影，鼓角争鸣，资本的力量不可小觑。

按照菲佛的说法，都是权力问题。你连自己的位置都保不住，还想什么企业基业长青？！是不是权力完全来自股权？并不尽然。有些人并不尊重资本，而是被资本尊重。人与资本也是博弈。当然，股权弄好了，管谁尊重不尊重。情怀？曾经写在脸上，如今留与记忆。空中飘洒，巡逝如风。有人曾言，长深慢干不过短平快，精小雅拙不过糙大俗。野蛮人在门口！

CHAPTER 7

第七章

学者的学术历练以及社会属性

THE
PARADOX
OF
MANAGEMENT
RESEARCH

学者离不开良好的学术历练的支撑和触动。学术历练旨在不断地提高学者自身的学术资质和研究能力。此乃学术研究社区内学者的立身之本。学术资质包括学习与受教的经历、学术基本功的构建，以及学识与学养的积淀，尤其讲究眼界高远、博学多识。研究能力具体体现为审慎观察和发现问题与解决问题的能力，无论是研究设计、上手执行，还是结果分析，讲究的是独立和批判性的思考以及严谨求实的考证与解析，即所谓的慎思、明辨、笃行。同时，学者自然也会受到各种思潮与势力的影响和冲击，并且也会有所回应与发声，或者通过学术的渠道，或者通过其他的媒体，以表明自己作为学者的思考及立场。

一

记读书笔记的功底

无论什么行当、什么职业，都有个基本功的问题，马虎不得。学者生活在文献里。所谓的学问，白纸黑字，诉诸文献，没有其他媒介和标准可以替代。非基于文献的狂言，无论是倡导还是贬抑，都是外行和业余的。无知者无畏。有知者若何？坐冷板凳，认真做卡片、记笔记。

中小学语文老师经常爱说的一句话就是："好记性不如烂笔头。"什么事儿，没有经过自己亲自写一遍，可能都不会被真正记下来、记住，或者被真正地理解并从而成为自己所掌握的东西。老辈学者写读书笔记与记日记的习惯和功夫，是我等难以企及的。钱钟书的《管锥编》，一页纸上可能有英、法、俄、意等多种文字，外加中文古籍引文。这些种类复杂的知识碎片和素材是怎么进入其著作中的呢？

具体的知识细节，如此之烟波浩渺、纷繁杂乱，不可能在脑子里直接存放和提取。没有哪个人的大脑有那么大的"硬盘"以及必需的检索能力。如果需要的时候再去查找原始的素材，不光太慢，而且有些根本无法再次获取。况且，那些知识根本就不属于自己，不算真正知道。在某种程度上属于自己的知识，一定是经过自己加工和处理过的信息，比如用读书笔记和卡片记录下来的。这些知识虽然没有直接存在脑子里，但是存在于某些可以较为迅速甚至即时获取的实物节点或者区块上。学者可以通过分类整理来储存这些知识，并在需要的时候快速提取。

这些读书笔记和卡片，在物理存在的模拟时代，是学者的重要财富，就像厨师私存的老汤。在从模拟向数字转换的时代，这些读书笔记和卡片就像外置硬盘，可以直接外挂到大脑主机上。在如今的数字时代，这些东西都存放在云端，在某个私有云上。

当然，如果一个人能实现即时通畅的信息获取，并有足够的信息处理能力（包括快速检索、提取和对接的能力，比如相声的现场砸挂），在没有任何事先接触和学习的情形下，他也可以通过直接获取原始信息而满足一时之需。即便将来的人工智能使所有人都几乎可以同样地即时获取信息，人工智能本身的学习能力仍然是重要的一环。

机器人也需要学习，也得记读书笔记、做卡片。好的机器人学者，首先是好的学者。这是我的一个猜测。有一种说法（抑或偏见）：机器能做的事儿不要让人去做（否则太浪费），可以随时获取的东西不需要储存。在很多情况下，这也许是成立的。但有意外和独特的情境。有些时候，自己拥有是必要的，因为获取可能不是足够可靠的。

随着年岁增长，我不仅记忆力衰退，而且学习的真切性也在锐减。我经常说，1991 年博士资格考试之后读的任何东西都如过眼云烟。读的东西本身记不住，而且也没有花太多功夫去做笔记或者卡片（这种习惯是我本身就欠缺的）。比如，在 20 世纪 90 年代中后期某个时点上，我曾经花了整整一周的时间，通读《时代》周刊前主编 Walter Issacson 撰写的《基辛格传记》(*Kissinger: A Biography*)。拍案惊奇！基辛格的传奇故事，Issacson 的生花妙笔。我至今也想不起来，到底是否做了一些笔记。反正具体内容也想不起来了，只是知道自己读过了。记住了一个词：现实政治（Realpolitik）。

某次，跟彭维刚聊天，他说他也仔细读了那部传记。估计他是做了笔记的（好像他爷爷当年就是哥伦比亚大学毕业的，可以说是学术世家呀）。不知为什么，该传记中只有一个精彩的句子，我偶尔可以回忆起来。大概是：虽然他咬进嘴里的东西已经远远多于他能够咀嚼的，但他接下来咀嚼了比他咬到嘴里的还要多的东西。(Having bitten off more than he could chew, Kissinger then proceeded to chew more than he had bitten off.) 至今，我仍然纳闷儿，这怎么可能？这句话到底是什么意思？说不明白，就是觉得气场高级。妙笔生花，形象生动，造势整景，悖论横生。

奇怪，脑子里的某些细节就是挥之不去，虽然这些细节未必精准。比如，我在 20 世纪 80 年代中期曾读过当时社科院政治学研究所的博士生王逸舟在《读书》杂志上发表的关于当时非常火的房龙的《宽容》的书评。其中一句一直记得：宽容是必要的，但宽容的前提是对不宽容的不宽容，否则宽容本身无地自容。不管原文怎样，记忆中就是这样。社科院、政治学研究所、博士生、《读书》，具体的话，用词、结构、语气，这些信息都可能有误，但我宁愿相信这些是无误的。我就是这样记忆的。

直到后来，我才发现，这句话其实源自卡尔·波普尔（Karl Popper）的关于"宽容的悖论"的说法。

对 20 世纪 80 年代的一个深刻感觉是，那时候有名的人物、学者、准学者、学生尖子，就是知道分子，知道得多，接触得多。到处演讲，接受礼遇和崇拜。知识就是力量，可以带来权力、位置、名誉、利益。后来发现，知道分子未必真的聪明或者卓越，但能在关键时刻把自己放在正确的位置。情商也好，智商也好，这本身就是一种能力，不仅仅靠运气。当然，后来的事实大概也可以证实，王逸舟应该是属于实力派的学者。

年轻时靠的是直接在脑硬盘中刻录。因此，对外置硬盘和云端储备的管理一直是欠缺的。也许是因多次搬家，几乎所有读博士期间的复印文章（数以千计）和笔记等都被主动或者被动地放弃了。倒是大学时代的一些笔记还保存完好。有些是父亲帮我一直留在家里的。

在 1995 年到 2010 年的这段时间里，我的主要精力都放在了古典音乐（主要是交响乐和歌剧）文献的学习和收藏上。说是文献，其实只是录音，而不是乐谱。我根本不识谱。卡拉扬有一次在评价帕瓦罗蒂时说，不识谱的人可能在演唱时更有想象力。帕瓦罗蒂在职业生涯早期是通过教练的钢琴伴奏学唱歌剧的，后来才学习识谱。我所能够做到的，是准确地知道我收藏的 5000 多张 CD 在我的地下室两墙 CD 架上的摆放位置。经过几次搬家，这个体系毁了。经过 iPod 转换，实体 CD 不重要了。经过世事沧桑，生活杂乱，听音乐的习惯已经没了。我唯一的信息编码、储存、检索和提取的练习也停了。

同样，在学术方面，将处理过的信息妥善地保存下来的做法和习惯，一旦缺失，便难以系统地捡起来。尤其是2002年回国到北京大学之后，重心转向教学，文献基本上就不再读了。我的纯学术研究，等于说还没真正起飞，就被废弃了。

中文的管理学学术文献也很少读，感觉没有足够的创意和浓度。也不向中文学术期刊投稿。国内那么多年轻人需要毕业和晋升，期刊数量必定是有限的。自己在国外节节败退，回到国内再跟本土学者或年轻人抢占地盘，会觉得很不厚道。况且自己不是那种在国外很风光的华人学者，也没什么可以挥斥方遒的。

过去十多年的文章，主要发表在北京大学、清华大学、中欧商学院等学校的商业评论刊物上，主要给实业界人士阅读。有的基于文献的构想，有的基于现象的现炒现卖，有的基于自己的感悟和构想，回头一看，一百多篇，都是普及性的。后来又开始带研究生，重拾学术文章发表。最近偶有中文学术期刊约稿，勉为其难，硬着头皮写。希望还不至于拉低国内管理学界的总体水准。

好在，现在有不少在线数据库，可以在某种程度上解决记读书笔记的问题。很多东西虽然没有读过，但可以快速查询。自信、眼界、品位和信息处理能力基本还在。以此观之，博士阶段有关研究能力本身的历练还是非常重要的。当然，有了博客、微博、微信公众号之类的媒介和载体，可以公开写日记或者读书笔记了。想看想用，可以随时提溜出来。立此存照，悦己示人。不亦乐乎？！

创业者为什么要跟教授聊

创业者多是天生自信而且不安分的乐观派。教授往往是比较苛刻审慎的批评家。二者的碰撞交融也许能够意外地擦出一些火花。实际的情况是互相不理、不屑。学者本无欲求,吃亏的也许是创业者。聊吗?

其实,在下一直以来的偏见,就是创业跟做学术研究中的创新是一个道理。无论是做学问还是商业创新,都是明星制的精英游戏,不是谁都能玩的。大家都要摩拳擦掌地去创业,哪有那么多的业可创?大家都要上博士项目搞所谓的研究发表,哪有那么多的理论可以去创新?根本用不着拿着平庸的点子以创业的名义去再证明一次没戏。根本用不着那么多人进行思想上的低水平重复。即使是被证明成了精英或明星,也难以排除运气的一票否决权。而且大多数人是不会走运的。最好踏实地跟着别人走就行了。传播、扩散、践行、改进、完善、提升。仅此而已,这就足够了。千万别随便就说自己在创业、在创新。

当然,创业者很少跟教授聊。其实,他们应该找教授聊。教授是这个世界上观点比较负面的一种人,也许是最为苛刻的一种人。他们的学术发表必须面对双盲匿名评审体系。如果创业者跟教授聊，听到的几乎肯定是"这也干不成""那也不可能"。教授会像批别人的文章一样给创业者浇冰水！也许这样能帮创业者少走很多弯路，但大多数创业者不相信教授对创业会有帮助，即使是从负面来的帮助。

偶尔，有些教授会发现创业者的闪光点，从而成为其天使。且看戴尔在得克萨斯大学的经历，以及很多创业者在斯坦福大学的经历。这就像学术发表中评审者发现了划时代的创新者，于是倾力相助，促成其伟大贡献。所以说，创业者还是要像学者做文献综述一样，看看前人都做了些什么，哪些东西容易贩卖，更容易有边际贡献。如此，偶尔跟教授聊聊，也许是必要的。但是脸皮要厚，随便他们怎么骂，只当表扬自己就行了。直到他们没啥可骂的时候，大概已经创业成功了，或者是在去敲钟的路上。

成功是偶然的，失败是必然的。创业如此，做学问也是如此。做著名的球星如此，成为权倾一时而又功成名就的政客大概亦是如此。任何创造性的活动（需要企业家精神的活动）失败的概率远远大于成功的概率。想清楚就释然了。

成功推定论

曾经写过一篇小文，讲创业的"成功推定论"与"失败推定论"。美国的司法体系，秉承的是"无罪推定论"。在没有被确凿地证明有罪之前，任何被怀疑的嫌疑人都必须被假设是无罪的。"有罪推定论"则是在被证明有罪之前就假定嫌疑人有罪，甚至还要嫌疑人自证无罪。根据上述法律的不同判定标准，我们也可以来看一下企业家的创业过程。

企业家、创业者、创新者，具有企业家精神的人，采用的是"成功推定论"。"我一定能成功！""如果有一个成功的，那就应该是我！"但是我们知道，大部分企业家都是被自己蒙在鼓里的。他们被自己的过度自信蒙在鼓里，扭曲对现实的理解和描述来适应自己的小心灵与小宇宙。

创业最终有97%的概率是失败。但如果他们真的相信这个概率，并且相信这个概率会应验到他们头上，他们可能早就偃旗息鼓了，根本不会去创业。"理想还是要有的，万一成功了呢？！"这是一句非常卖乖的话。

于是，企业家的问题，通常就不再是如何选择做什么，而是非要做某个看准的事儿。关键不再是能不能做成，而是怎样去做成。这就是"成功推定论"。"我一定能成功。你告诉我怎么不会成功吧！我都会一一搞定，最终证明你们的怀疑是错误的。我的成功是必然的。"我个人的理解是，企业家有时可能就是一根筋。心无旁骛，一定要把某个事情搞成。

总之，成功推定论，需要的是企业家近乎盲目的自信。但我要强调一点，在多大程度上自信和蒙在鼓里，取决于一个人的一般性才能和在特定领域内的才能。无论是对企业家还是职业经理人，道理都是一样的，只是盲目自信的程度不同而已。

如果一个人艺高人胆大，在某个领域有"详尽知识"和独到的手艺，那么别人认为不确定的事儿，对他只是有风险而已。别人认为风险高的，他认为风险低。别人认为搞不定的，他认为小菜一碟。

还记得我考大学的时候，邻居大爷问我考不上大学怎么办。我说，怎么会考不上呢？！根本就没想过会考不上，也根本没有考虑过万一考不上的应对方案是什么。然而，创业可能比考大学复杂得多，也不确定得多。但在有些考不上大学的人的眼里，也许创业容易得多！

不管你怎么认为，那些既定的、可知可造就的实力的作用在阵地战中最为重要和确定。在游击战和其他战役中，靠的是对机会和权变的洞察与把握。这是与考大学不一样的。这种洞察与把握本身也是一种能力、一种资质，或者一种特殊的常态。

无论如何，即使最终失败，创业者也会勇往直前，相信自己会是那侥幸成功的3%。这是成功推定论的精髓实质。然而，如上所言，教授通常是极为负面和苛刻的人。因此，所有秉持成功推定论的创业者最好至少在某些节点上主动找教授去挨骂。骂到他们没什么可骂的时候，就肯定成功了。成功推定论由于失败推定论者的失败而自然成功。当然，如果熬到了那个时候，可能也不再有创业的必要了，机会早跑了，他人早成了。

100个人里面，60个到70个人倒下了，但3个或4个人成功了，剩下的人里的你已经没机会了。介于成功推定论和失败推定论之间的是天使投资人、风险投资人和私募投资人。他们既不盲目信任企业家，也不过于苛刻。遴选和支持靠谱的创业者，这是他们的天职。这些投资人还得靠前者挣钱呢！

后　　记

　　事情似乎总是难以预料。规划中的"悖论三部曲",分别是《战略的悖论》《管理的悖论》和《管理学研究的悖论》。本来预想要按部就班,顺序渐行。《战略的悖论》2018年完成,2019年付梓。而《管理的悖论》却是千呼万唤不出来。一是觉得观点不够新颖,二是觉得材料不够瓷实,三是间或犯懒。

　　在下一再强调,战略就是大方向正确的(有目的的)不断折腾,从而增加歪打正着的可能性。把自己最近几年写的东西聚集起来一看,发现还是对管理学研究的关注与评述相对比较多一些。于是,素材之中找模式,框架里头填内容,如痴如醉,如琢如磨,修补迭代,增删改进,最终倒也堆起了一个积木城堡,越看越像是《管理学研究的悖论》。就是它了。

　　如上所述,本书的主要部分来自我最近几年的思考与写作,以及对过去几年里某些相关素材的修订与更新。书中部分引用并改写了十余年前的文字,需要在此交代说明。一是基本观点没有任何改变,无须赘述。二是可以使本书的内容更加丰满和系统,能够比较完整地体现我在过去十余年间对本书所涉主题与素材的思考历程。

实话实说，管理学研究就是一种职业，既不崇高，亦不卑微，也就是管理学研究者的日常工作，跟引车卖浆之属没有太多区别。所有职业都有自己的行规或曰所谓的范儿，管理学研究也是这样。在下于管理学领域浸淫三十余年，辛勤耕耘，勉力而为，追求的就是或许能够些微有范儿，希望不负时代、不辱使命。

有些本分认真的学者难免是比较"负面"和苛刻的人，时常以批评和找碴儿为主。也难怪，好理解。职业病，习惯了。当然，这是自己给自己找台阶寻安慰。对于生活中各类的旧友新知，批评和找碴儿其实还是很尴尬的事儿，只是自己没那么清醒或者在乎而已。或许是怠慢了别人，也耽误了自己。至于自己身边亲近的人，可能就更是亏欠太多而不反省、不自知。

在过去的二十余年里，我的生活离不开爱妻袁远的理解、关爱、照料与纵容。有时想想，我这么不着调的中年"愤青"，也能享受如此令人愉悦的美满的家庭生活，简直算是一个不大不小的奇迹。孩子们也在"有机"生长，自然而平实，令人宽慰。此书也算是过去一二十年间关于管理学研究的心得汇编。没有爱妻的陪伴与激励，难以想象。我把此书献给她！

马浩

于管理学的世界

2020 年 4 月 28 日